做有温度的教育

方华 著

中国人民大学出版社
·北京·

目录 contents

第四辑 做个懂行的教育管理者

第五辑 做有温度的乡村教育

第六辑　学校因何而美

序一 “做”而论道

江西省弋阳县面积不大，却很有底蕴。这里诞生了民族英雄谢枋得、革命烈士方志敏，以及高腔鼻祖弋阳腔。

方华局长很有思想。他在《中国教育报》《人民教育》《中小学管理》《未来教育家》等报刊上发表了很多文章。

结识方华局长，很偶然，同为江西人，却是直到去年，才在南昌师范学院组织的“江西基础教育四十人论坛”上初识。初次见面，就见识了方华局长那深邃的思想和雄辩的口才。后来又在弋阳教育的感召下，亲赴弋阳进行了为期三天的调研，亲眼见证了弋阳教育三年来的变化，才明白方华局长对教育的思考是“做”出来的，是真正的“做”而论道。此后，和方华局长通过各种渠道有过多次交流，现在已成了忘年交。

拜读了方华局长的《做有温度的教育》书稿，感触良多。

感触之一：方华局长真是个有教育情怀的教育局局长。方华局长2013年5月出任弋阳县教体局局长时，就提出了弋阳教育发展的理想——以良好的校风影响家风，改变民风。方华局长总是说：“教育孩子如同开一家股份公司，家长是公司的董事长，学校是公司的CEO，家长是公司的终生持股人，学校只是公司的阶段持股人。所以，家长和学校是合伙人。”弋阳县通过成立教育梦·龟峰读书联盟和开展“语文主题学习”实验，让教师爱上阅读，从而带动学生爱上阅读，影响家长爱上阅读，最后在弋阳县形成全民阅读的氛围。为此，方华局长也被《中国教育报》评为“2015 年度推动读书十大人物”。方华局长认为：“教育就是育人。到底是做‘十八岁的教育’，还是做‘八十岁’的教育？……我的教育情怀和理想让我选择了为孩子的八十岁服务的教育，也就是站在孩子一生的角度来思考、践行教育。”方华局长不等不靠，凭借教育系统一己之力来影响和带动弋阳家风和民风的好转，可见用情至深。

感触之二：方华局长真是个有思想的教育实践家。我接触过很多教育局局长，他们大多是用行政思维进行管理。而方华局长是教育出身，他曾说过：“在学校除了教务主任和团支书没当过以外，其他职务都做过。”而且弋阳的很多学校他都待过，中途还当过三年城管局局长，这使他得以跳出教育看教育。即使在当城管局局长时，他也在思考教育中的问题。当教体局局长时，他对自己的要求是“做个懂行的局长”。方华局长对教育的思考很深，有很多独到的见解。方华局长认为“办好教育需要静下来”、“求高，会干扰成长规律”、“求快，会打乱成长节奏”、“求全，会破坏成长环境”。他提出，要“让底线成为教育的起点”、“教育是培养人而非培养人才的，因为人才是在健康、完整的人的基础上不断自我学习、不断自我挑战且坚守的结果”、“教育是给孩子更多可能”、“或许，教育给不了学生明确而成功的未来，但可以给他们更多可能的机会探寻未来”。方华局长认为：“只有孩子们自己认可、快乐参与的教育，才是他们喜爱的教育，也才是真正的教育。”方华局长当过十多年的校长，所以他对校长领导力的理解也非常深刻。他曾提出，校长的领导力一般可以分为六种：学习力，表现为领导人超常的成长能力；决策力，是领导人高瞻远瞩的能力；组织力，即领导人选贤任能的能力；教导力，是领导人带队育人的能力；执行力，表现为领导人超常的绩效；感召力，更多地表现为领导人人心所向的能力。方华局长对教研、教师、课堂、课改、课程等，都有自己深刻而独到的见解，而这些思想又都是在教育实践过程中不断升华出来的。他多次被邀请到国家和省级专业学术会议上、高等院校以及外省市做发言和讲座，仅2015年以来就有数十次，被《中国教师报》评为“2014年度全国十大最具思想力教育局长”。2016年7月，应《未来教育家》杂志的邀请，方华局长出席“第三届中国未来教育家成长论坛”，并在“让教育家办学的种子落地生根”分论坛上做演讲——《乡村教育不应“孤独”》，博得满堂喝彩，该演讲发表后好评如潮。

感触之三：方华局长真是一个为乡村教育呐喊的探索者。方华局长出生在乡村，成长在乡村，对乡村具有很深的感情。方华局长在书中说：“乡村、乡土、乡音、乡情总是那样让人魂牵梦绕。”他对当前乡村教育和乡村文明的衰落感到非常痛心，对政府对乡村教育的投入不足感到非常难过，为乡村教育发展的薄弱环节大声疾呼：“乡村学校教师编制为何少于城市学校？乡村教师的实际收入为何低于城市教师？乡村学校的配置和设施为何不如城市学校？政府加大投入是真的加大还是弥补原来投入的不足？”方华局长在担任弋阳县教体局局长的三年间，加大对乡村学校建设的投入，全县用于乡村学校校舍新建、改建、维修的资金达2.68亿元，努力改善乡村学校的办学条件，努力做到“校园生活家庭化”。三年来，弋阳县还通过举办叠山书院论坛、成立五个民间协会，加大对乡村教师的培训力度，提高乡村教师的专业化水平，使教师成为“乡村教育与乡土文明的守望者”。全县整体推进家校合作，成立各种教育促进会，营造尊师重教的文明乡风，提高乡村学校的办学质量。三年间，大量乡村学校的学生“回流”，乡村学校学生增加了5.09%，实现了城乡教育一体化均衡发展。方华局长把办好乡村教育提高到乡村文明继承和发展的高度来看待，他认为：“乡土文明的继承和发展，根在农村，责任在乡村教育，希望在乡村教师。”

感触之四：方华局长真是个勤奋、用心的人。基层教育局局长所负责的工作点多、面广、事杂，能像方华局长这样静下心来看书、思考、写作的人委实难得。方华局长认为，教育就是“教己育人”，一个局长要管理好别人，首先就要管理好自己。他不但是这么说的，也是这么做的。方华局长是全县教育系统公认的工作量最多的人，在担任局长时，他还到三所学校兼任三个班的助理班主任。在教师培训讲座中，他讲的次数最多，但他不收一分钱的讲课费。业余时间，方华局长几乎都用在了工作上，以至于好多年轻的局干部和校长都觉得跟不上他的节奏。方华局长在学习上也是个非常勤奋、用心的人，正如他自己所说的：“学习如同吃饭、穿衣一样，是一个人的生活必需。”方华局长认为：“只有物质生活的人，只有一条生命。如果你只重视物质，那么你的生命就是单一而狭窄的，就只是生物体的生命，也就是通常所说的会呼吸的躯体。如果你既有物质生活又有精神生活，那么你就有两条生命。”方华局长能在三年的繁忙工作之余，写下这十几万字的书稿，实属难能可贵，可见方华局长真是个勤奋、用心的人。

该书思想性、现实性、可操作性都很强，是“做”出来的，是真正的“做”而论道，对当前基础教育改革有很好的借鉴意义。

刘堂江

2017 年 4 月 16 日

序二　厚积薄发露芳华

一

十多年前，我第一次见到方华时，他是江西省弋阳县第二中学的校长。我的第一印象是，他办事精干，谈吐风趣。县里的这所普通二类高中，在他的治理下，打开了体艺高考的通途，每年送走一大批具有体艺特长的孩子，这在赣东北甚至全省都显得非同小可。教育媒体的编辑、记者，闻讯而来。

之后，我们来往得并不多，2010 年，他去弋阳县城管局当局长了，许多人听说后都笑了。一个颇懂教育门道的校长，去当城管局局长，岂不是和畜牧局局长去当教育局局长一般可笑？但这还真不可笑，一则，方华的行政级别上了一个台阶（为日后就任教体局局长铺平了道路）；二则，能够胜任城管局局长的人，显然不是平庸之辈。方华在城管局局长的任上，秉持这样的管理理念：城管城管，关键不是管城，而是管人，把自己的人管好了，城也就管好了。他当了三年城管局局长，弋阳县城的秩序良好。

2013 年 5 月，方华调任县教体局局长。这多少显示了当地领导熟谙用人之道。大半辈子在学校里摸爬滚打，当城乡学校领导二十余年的方华，有了一片新的用武之地。

方华一回到教育部门，便如鱼得水，如鹰翱翔。经过短短几年时间，弋阳这片绿色的水塘、教育的洼地，便风生水起，芳菲葱茏。

二

由于职业的关系，这些年我和许多校长、教育局局长打过交道。我发现“生物的多样性”在这两个群体中表现得尤其突出。各种性格、做派，各色才能、毛病，各样愿景、目标的人都有，教师、学生要碰运气，遇到良人便拜佛，遇到歹人便叫苦。当然，世上总是良人多，何况是在文化人扎堆的教育领域！

由于中国教育问题繁难，百姓抱怨震耳，教育局局长显然不是一个优哉游哉的位置。问题多多，出路在哪儿？我认为，当今中国的教育存在“五化”倾向，即标准化、功利化、空心化、被动化、平庸化，必须以新的“五化”，即个性化、理想化、具体化、主动化、专业化，一一攻克。中国知识分子自古就有忧国忧民、济世救民的传统，当今教育界的无数仁人志士，莫不思索、探寻，试验、碰壁，屡败屡战，殚精竭虑。有高举旗帜、一路呼喊前进的；有默不作声、苦钻教改之道的；有流汗流血，终于愤然辞职的；有作壁上观、我自岿然不动的；当然，也有个别中体西用、精通管理之术，获得鲜花、掌声的。

方华局长，何许人也？在我眼里，他是一员儒将。论教学，他凭借一支粉笔，站稳三尺讲台；论管理，他大处着眼，小处着手，能辨轻重缓急，有条不紊；论交际，他不媚上，不欺下，不卑不亢，能屈能伸；论口才，他深入浅出，诙谐幽默；论文才，他后来居上，笔耕颇丰。一句话，他有思想，有立场，有情怀，有能力。短短三年的时间里，弋阳的教育生态发生了很大变化，从师生的精神面貌到校长的工作态度，弋阳人普遍给予好评。

三

方华曾经对我说过，一个教育局局长，做表面工作是容易的，做骨子里的工作则很难，但再难，也要去做。他在《教育为什么不说“不”》一文中写道：“教育，要向自己说‘不’，要向行政化说‘不’，要向功利化说‘不’，要向资源化说‘不’，要向外界说‘不’，要向教育万能化说‘不’，要向教育责任化说‘不’，要向教育妖魔化说‘不’。”只有敢于说“不”，才能正视问题，做好服务，才能让教育回归教育，让常识回到常识。这是他做教体局局长的经验之谈。

何谓骨子里的工作？我的理解是，一个合格的教育局局长，其重大使命之一就是使本地全体师生能攘外安内，进退自如。攘外，即拓宽走出去的渠道，使师生们敢于走出去；安内，即修炼自己的内功，壮大自己的精神品格。这样就能养育独立之精神、自由之思想。为了实现这个愿望，以方华为首的教体局领导班子，除了行政推动外，还在全县引导成立了五个民间组织：家校合作委员会、教育梦·龟峰读书联盟、班主任协会、心理学协会和名师工作室。他带领局机关干部和校长搭建平台，以问题为导向，服务全体师生。他思想灵动，思路活跃，又非常接地气，经常走基层、进课堂，所以遇到的问题多，奉献的点子也多。他是一个内行局长，是一个专家型局长——弋阳的校长、师生、社会人士都这样认为。

四

英国学者贝奈特说，唯一真正的教育者是教育了自己的人。苏霍姆林斯基也说，唤起人实行自我教育的教育，乃是一种真正的教育。

方华是一个自觉实行了自我教育的教育管理者。这一点，在当今中国，难能可贵。要改变区域现状，推动教育变革，领头羊必须披坚执锐，身先士卒。据我所知，方华在教育改革的征途上，也曾遭受过“‘独行’时的惶恐”和挑衅，但他坚持了下来，在一大批同道的鼓励和帮助下，终于收获了“‘认可’时的激动”、“‘合作’时的成长”。他把全县教育干部和全体校长、师生叫作“家人”，其心其志，由此可见一斑。

两年前，方华还是一个没写过多少文章的人，虽然他多年都是优秀的老师、校长。在我的建议和鼓励下，他于 2014 年写了几百字的《教育随感》，这是他发表的处女作。此后，他像一头吃饱了的犀牛，在教育写作的荒原上狂奔。短短两年时间里，他竟写出了一百多篇教育随笔，在国家级、省级教育报刊上发表了三十多篇。他的教育写作，不是闭门造车、冥思苦想的结果，而是植根于教育实践，勤读古今好书，保持良好学习习惯的结晶。他这本专著——《做有温度的教育》，是他教育了自己的明证，也是弋阳教育生态真正改良的记录。

他是真正的教育者。

方心田

2017 年 4 月 20 日

第一辑

教育是什么

教育还应有一些更深、更长远的看不见、摸不着、一时发现不了甚至永远都无法量化和具体化的东西。这些东西成不了教育的功劳，而只能是教育的功德。这些功德评不了职称、得不了奖，甚至没有人（包括受教育者）知道。

我的教育观：三“风”一体

教育是什么？

工作近三十年，从无视这个问题到追寻这个问题，从“看、听”（看贤士、达人之文，听名家、士者之言）中领悟，从自己的教育教学实践中体会。在不同阶段、不同环境下，对这一问题各有不一样的回答，但“答案”不久似乎又被证明不全、不明甚至不对。至今，我也只能用当前对教育的理解来回答这一问题：教育是给孩子更多可能的实践。

之所以这样表述我对教育的认识与理解，是因为我认为这是对教育功能的写照，是教育的价值取向，是对教育非功利性的理解。基于此，我以为“以良好的校风影响家风，改变民风”应成为我们美好的教育愿景。

以良好的校风影响家风，改变民风，是从教育的本义、教育实施的路径、教育的现状三个维度来思考教育。

首先，从教育的本义来说，教育就是育人。到底是做“十八岁的教育”，还是做“八十岁的教育”？所谓“十八岁的教育”，就是以孩子升学（参加高考）为教育目标，追求短期效应的应试教育（其实这不应称为教育，最多是教学）；“八十岁的教育”是指面向孩子终身需要的教育，是为了孩子终身成长和生活的教育。相较于“八十岁的教育”，升学只是孩子人生中的一段经历。我的教育情怀和理想让我选择了为孩子的八十岁服务的教育，也就是站在孩子一生的角度来思考、践行教育。

每个人都离不开社会和家庭，而学校是社会的一部分，是家庭的延伸。教育就应该与和学生息息相关的两个重要空间——家庭和社会紧密联系，所以我们把校风与家风、民风联系在一起。这种联系不仅是校内、校外空间的对接，更是今天与明天时间的对接。只思考校内和今天，会让教育失去光彩，甚至让教育走偏、走歪、走斜；只考虑校内和今天，教育效果就会随着时间的推移和外界环境的改变而变小。这也是当前很多社会不良现象出现后，媒体与民众责怪教育，认为教育难辞其咎的原因。而教育部门在回应媒体和民众的责怪时又显得十分委屈，因为单靠教育难以防止那些不良现象的发生。然而，以良好的校风影响家风、改变民风，则是教育价值前置的一种策略与路径。教育不但要服务学生的终身成长，同时要通过帮助、引领、启迪人的成长，促进家庭与社会的改变，或者说，要通过人的教育，达到改善、改进、改造家庭和社会的目的。

其次，从教育实施的路径来说，只有让与教育相关的方方面面同心、同向、同步，才能使教育真实有效地发生。社会（社区）、家庭和学校是孩子接受教育的主体环境，三者缺一不可，同时这三者又相互支撑，相互影响。当前的择校、择班、择师现象就体现了家长对教育的重视。假如孩子能像家长择校、择班、择师一样去选择社区（自然环境、社区公共服务、社区人文关系）、家庭和学校（择班、择师），试问有多少社区、家庭和学校（班级与老师）会被孩子选上，又有多少孩子会被其他孩子“淘汰”？站在孩子成长需要（应该考虑孩子自身的情感、情绪、情趣）的层面看教育，就应该把校风、家风、民风“三风”联系在一起，整合学校、家庭和社会（社区）教育，使它们真正做到同心、同向、同力、同步，不让任何一方面成为孩子教育的短板。如果我们只是从学校教育这一个方面去努力，教育效果就将是微小的。只有整合与统筹学校、家庭和社会三方的教育理念、教育资源、教育功能和教育方法，让它们着力于同一个点、用力于同一个方向、发力于同一时间，才能让它们真正影响孩子、启迪孩子、服务孩子、帮助孩子，孩子也才能真正接受到良好的教育。

最后，从教育的现状来说，我们当前的教育（社会教育、家庭教育、学校教育）出现了严重的不平衡——教育重视程度不平衡、教育观念不平衡、教育方式方法不平衡、教育能力不平衡、教育效果不平衡。当前的家庭教育百花争艳但参差不齐，社会教育听之任之或有心无力，学校教育孤芳自赏又强颜欢笑，且三者各行其道，甚至相互指责、互不联通。面对如此尴尬的教育现状，只有拆开三者间封闭、自守的篱笆，打通观念、信息、策略、路径和行动的通道，使它们一体化，方能让教育效果最大化，方能让孩子获得良好的教育。可由谁来拆开三者间的篱笆呢？学校，只有学校主动跨出篱笆，主动伸出手打开与家庭、社区（社会）之间的篱笆，才能让学校、家庭和社会三位一体的育人模式落到实处。因为学校是当前政府专门实施教育的主体，学校有专门、专业的人员，有用于教育的专用时间，有相对专业的教育设施、场所、平台和技能。学校要从自身建设——文化建设、队伍建设、课程建设和环境建设开始，形成健康、积极、向上的教育氛围（良好的校风），从而走出校门、走入家庭、走进社区，让家庭的教育风气、教育观念、教育方法以及民风（尊师重教、崇文崇礼、爱家爱国、遵纪守法）得到优化和改进；还应以自身的变化主动带动、引领、团结家庭和社区（社会），以“合伙人”的身份和心态去改善他们的教育状态，从而形成社会、家庭和学校三位一体的良好教育氛围。

“以良好的校风影响家风，改变民风”是我坚守的教育愿景，这个教育愿景来自我对教育的理解、追求和思考，也来自我的教育实践、教育策略和教育路径，还来自坚持“教育是给孩子更多可能”的情怀。我相信教育的价值和功能。我相信，所以我坚守。

（原载2016年第6期《教育家》，略有改动）

办好教育需要静下来

十年树木，百年树人。教育是慢的艺术，我们要营造有利于孩子成长的生态环境，陪伴孩子快乐成长；我们要拥有真正的教育情怀，而不只是设置成才、成名的教育目标。特别是当升入名校成为家长追逐的目标、媒体追捧的事件时，身为教育管理者，我们不能被名气和一时的成绩左右，而要站在孩子健康成长这一基点上思考和行动。

求高，会干扰成长规律

优秀集体之所以优秀，是因为其风格多样，而不仅仅是因为其能力强大。一个人之所以成功，是因为他在某一领域很专业，而不是因为他在所有领域都拥有成就。价值取向决定政绩观，教育局局长应有这样的心态——不要求校校、人人、事事、时时追求卓越，尤其是不能违背教育发展和学生成长的规律，只追求考试成绩与升学率。

在教育管理中，弋阳县教体局对学校采用了多层、多次、多样、多向的“四多”评价体系。

多层是指评价对象的多层面，有针对管理者的评价、针对教师的评价、针对学生的评价，也有针对家长和社区的评价。多次是指评价次数多，不以某一次或某一项工作为评价对象。多样是指参评人员不是固定的，而是来自不同群体，有专职、专门的业务人员，有各校选送的人员，有学生代表，有家长和社会人士以及第三方评价机构等。多向是指对学校的评价不仅包括各种专项内容，也综合考虑其他方面，既涉及教育教学、教研、课程、硬件、文化、特色，又涉及师生素养、师生对学校的喜爱程度、家长和社区对学校的作用、学校为师生提供的氛围等。

我们不要求所有评价项目学校都参与，除必选项目外，学校可自行选择评价项目，以避免为了评价而被动应付，使评价流于形式。

求快，会打乱成长节奏

身处日新月异的信息化时代，人们的生活节奏、交流方式、生活方式、从业观念已经改变，教育也面临着快节奏带来的影响。

“不让孩子输在起跑线上”，这是大家耳熟能详的教育“信条”，也是让家长纠结的教育“名言”。因为这句话，许多有条件的家庭纷纷为孩子安排各种兴趣班或辅导班，甚至不具有条件的家庭也勉力这样做。

春天开花，秋日结果。无论是孩子成长还是学校发展，都有自己的规律，这是任何要求、期待、目标都不能跨越和忽视的。从 2013 年开始，弋阳县对学校实施发展性评价，建立了“学校基础性办学水平评价”与“学校发展性办学水平评价”相结合的评价系统。

“学校基础性办学水平评价”以办学基础性要求为内容，学校自我评价后向教体局申报，教体局对学校自我评价的结果进行核准。三年内不申报的学校，则由教体局代行评价，不合格者教体局帮助整改。

“学校发展性办学水平评价”是把学校发展需要和原有基础相结合的评价方式。评价突出普惠和均衡两大特点，不唯优、不唯少、不唯特，回归个体，关注过程，重视教育的基础性内容，不突出选拔功能，不把任何一所学校、一个教师、一个学生丢在角落里。

关注全体、注重基础、面向各个方面、各尽其能，基础性评价和发展性评价相结合的方式使每个学生、每所学校都能得到发展，让评价变成大家共同参与的行为。

求全，会破坏成长环境

为师生营造良好的成长环境是我们的教育目标之一，而过度关注、一味控制，则只能破坏师生成长的环境。

参与了才会投入，有机会才会尽力，我们应为师生搭建可以选择的成长平台，给师生提供“自助餐”。2014 年，我县搭建了文星塔、文昌阁、文庙“三文”平台，允许师生自由出入、自由选择、自由参与。这三个平台区别于以前的活动和竞赛，不统一要求，不让少数人当“演员”、多数人当“观众”，是开放式、自主式、参与式、多样式的师生“庙会”，从而让全县教师人人有机会、个个有平台，都成为编剧、导演、评委。

教学从什么时候开始？从学生喜欢老师开始。教育从什么时候开始？从学生喜欢学校开始。本着学生喜欢、家长主动、方便快乐、健康安全的活动原则，我们为全县六万多个孩子及其家庭提供服务，开设学习类、才艺类、生活类、社区类、服务类、游戏类、创意类等各种活动。

教育是成长的过程，而成长需要时间，让孩子在“静”的环境下成长才是好的教育。

（原载 2015 年 6 月 17 日《中国教师报》，略有改动）

教育是给孩子更多可能

教育是塑造，教育是改变，教育是帮助，教育是启迪，这是我投身教育 20 多年对教育的认知轨迹。

刚参加工作时，我认为教育能塑造人，只要家长和老师尽职尽责，就一定能将孩子培养成为成人希望的样子。随着年龄与阅历的增长，我认为教育的作用并没强大到可以塑造一个人，但仍坚信教育能够改变一个人。后来，因为不断阅读，以及与很多教育专家交流，我觉得教育改变一个人的目标也很难完成，教育最多能给人一定的帮助。再后来，工作岗位的变化让我有更多机会从不同的角度审视教育，听到不同的人对教育的理解和认识，看到更多从学校走出去的学生长大成人后的样子，此时，我深信教育只能给人以启迪，而不能让每个人都成功，但它会像种子一样埋在人的心里，等到温度、湿度、养分等条件适宜时，就会生根、发芽、开花、结果。

成长即教育。教育要为学生成长提供尽可能多的服务。既然是提供服务，教育就应以学生的成长需求为导向，顺势而为，给学生以启迪，让学生明白世界上有不同的景色，明白完成今天的选择后还要接受未来的结果，明白要为今后的发展创造更多可能。

接受即教育。教育有内外之别，外在教育是指创设良好的教育生态，内在教育则强调培养个体强大的精神世界。教育发展需要内外兼修，而教育内在建设的效果取决于受教育者的感受。所以，在教育实践中，教育者首先要考虑受教育者的感受、情绪、爱好和价值取向。只有这样思考和实践，教育才会更有意义。

关注即教育。家庭教育与学校教育有一个共同的特征，就是以家长和教师的关注点确定教育内容、目标和方法，而较少考虑学生的关注点。多年的教育实践告诉我，学生的关注点才是教育教学的增效点和突破点。所以，如果我们能重视学生的视角，使其以合理的方式融入教育教学中，教育教学就将变得更加高效并充满活力。

体验即教育。教育是受教育者接受外界信息刺激后，引起内在反应的过程。受教育者接受外界信息的渠道很多，但无论通过什么渠道，受教育者都需要亲身体验，才能真正引发内在反应。需要注意的是，体验不仅是尝试，也是判断、分辨与过滤。体验可以是一节课、一件事、一项活动、一次思考，在课堂上或生活中、在师生或同伴之间发生的事都能带来体验。

尊重体验，教育效果将得到很大提升。

或许，教育给不了学生明确而成功的未来，但可以给他们更多可能的机会去探寻未来。

（原载2015年12月9日《中国教师报·区域教育周刊》，略有改动）

教育为什么不说“不”

教育是如此重要，不仅国家把教育提升到很重要的战略位置，而且对教育的投入占国家收入的比重也相当高，民众对教育的期待和要求也很高。教育成了人人都谈的热点与焦点。可能是因为“爱之深，恨之切”，大家对教育更多的是埋怨与指责、失望与悲观。社会对教育是一边倒的批评声音，教育真的如此让人恨其不争吗？

教育存在问题是肯定的，教育还没有让人民满意也是现实的，它还需要不断改革。增强教育从业人员的民族与社会责任感、增强他们对职业的认同感、提升他们的专业精神和素养都是破解教育困境的策略与路径。

同时，我们也要清醒地认识到，当前对教育功能的抬高、对教育目标的降低，是教育需要面对的两个重要问题。所谓对教育功能的抬高，是认为教育无所不能；对教育目标的降低，是将教育降格为考试的替代品。因此，教育要勇于说“不”。

教育要向自己说“不”。任何行业存在的价值在于它对社会的贡献。任何行业存在价值的大小不仅取决于它对社会的影响和作用，还取决于它自身的净化能力。教育也不例外，它需要不断地自我净化和改革，以更好地服务社会与民众。

教育要向行政化说“不”。作为一门科学，教育独立于世的时间还不长，甚至有些学者并不认为教育是一门科学。因此，教育从业者的专业性自然就没有得到大家的广泛尊重。教育的专业性体现在教育决策、教育理解、教育评价、教育策略、教育分析和教育技能等方面，它们都非常重要。然而，当前，以行政思维思考教育，导致以行政管理替代教育管理、以行政评价替代教育评价、以行政分析替代教育分析等，出现大量好心办坏事的现象，很多非教育本质的问题被过多强化，而教育本质的问题却没有得到关注。教育繁荣的背后有不少荒漠，教育外在的改变替代教育内在的变革，教育规律得不到尊重，教育自身的发展能力被行政化所扼制，这使得教育缺乏从内而外的发展动力。

教育要向功利化说“不”。教育功利化表现为教育目标的唯一论和教育评价的功利化。教育的价值是多元的，表现为教育应面向全体学生和学生的“全面”。教育目标的唯一论让教育沦落为服务于这一目标的工具，走上了功利化这条不归路。教育功利化体现在学校评价、学校办学价值取向、教师教育观念、教师教育教学行为等方面。面对功利化教育，我们要有说“不”的勇气与担当，而不是观望与等待。如果只是观望与等待，教育就会越来越变味，教育功能就会越来越窄化，教育的价值就不会得到社会的认可。

教育要向资源化说“不”。教育内部的“残酷”竞争是出于什么目的？有人说是为了让孩子接受更好的教育。如果真是这样，那就无须竞争，只需静下心来在改革中创新，在努力中前行就好。而竞争是为了让学校（区域）获得更好的资源，有了更好的资源就会拥有“优秀”和“成功”的业绩与口碑，从而拥有更多资源，更多资源又会带来更多荣誉、口碑和业绩，这样，教育效果自然就会分出高低，一些拥有更多资源的学校（区域）自然就容易站在行业的聚光灯下。为了获得资源，各种各样的竞争层出不穷，这使得教育的发展变成了对资源的争夺。这是因为我们的评价只关注终点的结果，而没有关注起点的不同。教育需要优质化，但更需要通过自身的努力去达到优质化，而不能仅凭优质资源去达到优质化。

教育资源不是为了让某些人成为什么，也不是为了让某些事得到改变，而是要为每个孩子营造适合他们生长的环境。而这需要教育者共同努力，其中，让教育资源实现均衡配置又是基本条件。没有均衡的教育资源配置是不可能让孩子获得均衡教育的。

教育要向外界说“不”。教育（学校教育）无论对社会体系，还是对个人成长都有一定的影响与作用，但不一定会起到关键作用。面对外界对教育的要求和需求，教育者既要有担当，也要遵循规律，还要面对现实。这不仅有利于教育健康发展，也可以促进人们理性面对现实，客观分析和解决社会问题。

教育要向教育万能化说“不”。教育对人的影响是长远的，对社会的影响是深远的，对公民素养也有着深刻的影响。正是基于这种认识，时下出现了教育功能扩大化的现象。只要有热点、焦点问题出现，就会被某些人深挖精推，如此教育就难免成为“功臣”或“罪臣”。其实，这不是客观的认识与评价。教育的作用到底有多大？教育对一个人的影响到底有多大？一旦人形成了良好的习惯、健康的观念、规范的行为，它们是否会终生不变呢？这些问题都需要有科学的研究。

教育要向教育责任化说“不”。教育是教己育人，教育工作者首先要有积极、健康的学习心态，要有不断修正、纠错的能力，要有正确、健康的价值观，其次才是要有知识、技能、交流的素养。教育工作者还要有主动担当的职业意识，这种担当不但是职业的需要，也是社会的需要，更是他们自身的需要。教育只是社会上诸多行业的一种，它不能承担社会中的大多数责任，大家更不能形成教育责任化的观点，把社会上几乎所有不良现象都归咎于教育。教育责任化不仅会导致大家战战兢兢办教育，还会让教育偏离规律，甚至会导致对有些问题的思考避重就轻。

教育要向教育妖魔化说“不”。近几年，教育出现了一些问题，教育公信力受到质疑，针对教育的各种批评声此起彼伏。面对教育的问题甚至错误，教育系统一定要有自我修正和改正的决心与措施。当然，人们也不能因为某些人、某些事就对整个教育行业的从业人员，甚至整个教育系统予以否定。要教书育人，首先需要教育者得到社会的认可。一个没有得到社会认可的行业如何能够有益于社会？一个没有得到社会认可的群体如何去帮助、引导、启迪别人？要让一个行业及其从业人员得到社会认可，不仅需要他们自身拥有一定的自律意识和自我修养，还需要社会客观、公正地评判，因为这关系到教育的生态。教育无疑是国家、民族和社会的基础性事业，教育强则民族兴，教育要在社会上站立起来，不仅需要自身的成长，也需要社会的帮助。夸大教育问题、恶搞教育现象，把教育妖魔化，不但不会帮助教育健康发展，反而会让教育走入歧途。

教育说“不”，不是因为教育强势，而是因为教育要正视问题；不是因为教育要推卸责任，而是因为教育要有所担当；不是教育的特权，而是教育的服务；不是教育的停滞，而是教育的进步；不是教育的守旧，而是教育的改革。教育是服务行业，服务国家、服务社会、服务人民是教育的天职，对社会的质疑，教育应积极回应和改正，但教育也要敢于说“不”，这只是为了让教育回归教育。

让底线成为教育的起点

“‘底线教育’是不是标准太低，会不会让教育倒退?”教体局的杨老师在我们提出“底线教育”时问。

“现在大家都在倡导和追求高效课堂，而我们还在提‘底线课堂’，会不会让课堂停滞不前，让我们原本并不成熟的课堂雪上加霜?”教研室的汪老师代表他们小组反馈了讨论结果。

分管信访、安全和综合治理的教体局班子成员王卫星同志说：“‘底线教育’、‘底线要求’、‘底线课堂’是我们为教育划出的一条红线，是为了让所有教育工作者有敬畏、有标准，谁都不得以任何理由不遵守、不践行。但是，这会不会让社会和家长误会，认为我们的教育要求、教育标准和教育目标太低，认为我们以前的教育工作做得太差？会不会引起社会对教育的不满、家长对教育的不理解，从而增加社会与学校、家长与学校的摩擦，带来不必要的争执、误解?”

自提出“底线教育”后，弋阳县教育系统对其进行了广泛探讨，来自不同岗位的教育同人表示赞同。我们为什么要提出“底线教育”？什么是“底线教育”？如何开展“底线教育”？如果这几个问题得不到厘清，“底线教育”就不能落地，也就毫无价值。

为什么要提出“底线教育”？因为教育需要底线，没有底线的教育是没有生命的教育，也是没有温度的教育，更不是民众认可和理解的教育。基础教育的最大社会特点是普惠性，最大历史使命是面向全体学生（提升全体民众的素质）和面向学生的“全面”（提高民众的综合素养)。

面向全体学生和面向学生的“全面”需要“底线教育”。基础教育的目标不是培养高、专、精人才，它是普惠性大众教育。目前，“面向全体学生”说得多，说得坚定，但做得并不到位。面向全体学生是基础教育的“道德底线”和“价值底线”，因为基础教育要提升全民素质。这里的“全民”是没有选择性和排他性的。如果学校没有真正做到，那么这是教育主管部门（也就是政府，因为教育主管部门是政府的一个部门）失职、学校失位、教师失责。

然而，基础教育很难做到面向全体学生，原因有三：一是教育评价出了问题，二是教育价值观出了问题，三是教育者自身的职业操守出了问题。教育评价既包括显性评价——政府对教育系统的评价、教育主管部门对学校的评价、学校对老师的评价、老师对学生的评价，也包括隐性评价——家长对学校教育的评价、社会（舆论）对教育的评价、政府和教育主管部门的人员对教育的评价、校长和老师甚至学生对教育的评价。我们的评价基本是基于分数的，即使更换成等级评价，也只是换汤不换药。而且我们的评价还出现了更为可怕的倾向，那就是一边高举“素质多样评价”之旗，一边唯分数论。这让我们的教育不仅评价维度混乱，同时也失去了最基本的灵魂——教育的“诚”。

教育中第二个可怕的现象是唯结果论。殊不知，结果具有貌似合理的欺骗性，唯结果论的评价导致出现大量人为打造的名校、名师。其实，名校、名师的产生往往是因为他们“掠夺”了教育资源。比如，借助高薪和区域优势面向全国招聘优秀教师；为了打造某些学校，政府给予优惠政策和大量真金白银的投入。这何谈教育均衡，何谈“教育底线”？其实，只有倡导以“进口”定“出口”、以投入（包括师资、政策、资金）定产出的评价，才能让教育从源头上变得公平，才能让教育真正面向全体学生。

教育的价值是什么？不是培养人才，不是培养相同、相似的人才，而是让每个受教育者寻找和发现更好的“我”，是为他们寻找和发现更好的“我”提供帮助与平台。这样的教育充满个性和挑战，这样的教育是培养人而非培养人才的，因为人才是在健康、完整的人的基础上不断自我学习、不断自我挑战且坚守的结果。这样的教育才会结合人的个性并关注个体差异，才可能真正做到坚守底线。如果我们的教育价值是培养人才，那么，教育就会有选择性和排他性，教育者的眼睛里就会只有“优秀”而没有“成长”，他们就会践行“没有最好，只有更好”的追求。教育者追求极少数人无限“优秀”而不断淘汰“不合格者”以淘出“优秀者”，这样的价值观念下的教育怎么可能关注教育的底线？有什么样的教育价值观就有什么样的教育，有什么样的教育价值观就有什么样的教育行为，有什么样的教育价值观就有什么样的教育结果。

教育者的职业操守决定着“底线教育”能否落实于学生、落实于课堂、落实于学校。王崧舟老师说“教育应以慈悲为怀”，这是对教育者职业操守的要求。教育者以不同的态度面对教育，就会出现不同的教育行为。有些教育者把从事教育定位为养家糊口，那么他们对教育的认知和教育行为就会为养家糊口服务，他们能多赚点儿就多赚点儿，能少干点儿就少干点儿。有些教育者追求教学质量，重视考试成绩，以考试分数衡量学生，那么他们就会注重学生的学习状态和学习效果，关注并重视学习成绩好的学生，而忽略、放弃学习困难的学生；就会重视课堂知识与技能培训，重视学生的作业，把提高学生的成绩作为重要而核心（有时是唯一）的教育价值。有些教育者把人的成长作为教育追求，那么他们就会把人作为教育的唯一价值，关注人的差异、人的兴趣、人的情绪、人的认知、人的习惯等，这样的教育就没有淘汰、没有选择，而只有帮助，只有变化，只有鼓励和希望，只想让孩子拥有更多可能。

面向全体学生，不是要把每个学生都培养成一样的人，而是不放弃、不歧视、不丢下任何一个学生，这不仅是教育的“能”，更是教育的“德”。

面向学生的“全面”既是教育的厚度，也是教育的宽度。教育者要给予学生成长所需要的“养分”，而不能人为地把学生分为三六九等，也不能以成人的眼光来确定“养分”重要与否。学生健康、积极的兴趣与爱好，教育者应该予以帮助与扶持；对不利于学生发展的兴趣与爱好，教育者则要予以引导。

教育既需要厚度，也需要宽度；没有厚度的教育是不完整的，没有宽度的教育是不全面的。面向学生的“全面”的教育不仅会促进学生综合素养的提升，也会促进其能力全面提高。面向学生的“全面”涉及学科素养、学习素养、学习习惯、学习方法、技能技巧、兴趣爱好，等等。

什么是“底线教育”？“底线教育”不是教育的目标与追求，而是教育的基础与起点；不是拒绝优质教育，而是为了让更多孩子能接受真正优质的教育。狭义上的“底线教育”，包括对学校文化、学校管理、评价、老师、学生和课堂的底线要求；广义上的“底线教育”，还包括对社会教育、家庭教育的底线要求。底线要求应该符合国家相关法律法规，遵循基本教育规律，符合孩子的成长需求。这些要求具体体现在学校评价、学校价值、学校文化、教师行为、教师价值、教师评价、教师文化等方面，还体现在课堂教学、课程建设、教育活动等方面。

“底线教育”是每位教育者都必须遵守的教育底线，也是受教育者最基本的教育需求。我们在努力做精英教育、天才教育、领袖教育，至少也是在做成才教育、成功教育，可是有不少孩子因为教育对他们缺乏吸引力而过早地离开了学校，有些孩子虽然没有离开学校但心已经不在那儿。现在，仍有不少课堂没有达到底线课堂的要求，仍有不少活动没有感动孩子、帮助孩子、影响孩子；仍有不少孩子没有得到应有的基本教育。教育是做加法的过程，但做的应该是有保底的加法，这个“底”就是“底线教育”。

如何实施底线教育？底线教育是实现均衡教育和普惠教育的保障。底线教育要落地，首先，底线教育观要落地，教师底线要落地，课堂底线要落地，学校底线要落地。底线教育观就是不丢下任何一个孩子并为每个孩子提供最为必要与基础的帮助。只有教育者认可与践行，底线教育才有可能实施。教师底线决定教育底线，教师底线包括师德、师能、“师法”（教师的教育方法）、“师态”（教师的教育态度）。课堂底线和学校底线是对教育的定位，是教育标准，更是教育规定与教育规律。

教育价值观源于教育认识，教育价值观决定教育定位，同时也决定教育评价。教育是综合、立体、长远的，同时也是变化的。每个人对教育的理解不同，对教育的需求不同，但最基本的教育是一个人成长的必备品，是社会存在与发展的必需品，是民族繁衍和民族文化传承的必要品，而这最基本的教育就是底线教育。没有底线教育，何谈合格，何谈有效，何谈高效？

教育应该淡化功劳，多些功德

三月末，江南阳光明媚、气候适宜、万木争绿、千花欲展，正是踏青寻绿、结伴探野的好时候。

田野中有一棵棵香樟，有些小溪上架着小木桥、青石桥和小石拱桥。桥头、桥尾都有灌木丛和杂刺丛，而且与桥相接的路并不规整，有的地方是路让沟、路让田，更有的地方是路让树、路让杂刺丛。刚开始我认为这是由村民随性随意的生活习性所致，甚至认为他们缺乏基本的社会公共服务意识。

“也不是，除了没办法之外，一般也不会砍掉树木、清理杂刺。”一位听到我质疑的老人说。

“那这样田地就少了，人们行走起来就不是很方便了。”我说。

“要那么多田地干吗？树木、杂刺长在那儿也是有原因的，不一定要很方便，无非是多走两步。”老人有一句没一句地说着自己的看法，“其实，不一定现在我们认为有用的就一定有用，现在看起来没用的就一定真的没用，说不定哪天就有用了呢。”

接下来老人给我讲了哪一年哪一年有什么灾、什么难、什么事，村后的山坡、田间的树、桥头的杂刺丛、村头的大香樟树起到了什么什么作用，保护了什么什么……

如果把田间地头、桥头村后的杂草、杂刺、灌木、香樟砍掉、清光，换得出行便利、平整规范，这样的村貌的确会让人“高看一眼”，但这真的很重要吗？

这样想着，我不禁想到教育中的一些现象：我那么肯定和坚决的

“要求”与“规定”到底是我的需要还是教育的需求？田间地头的香樟、桥头村后的杂刺等，是保留，还是为了让“我”更加便捷与舒适，而必须清理和砍伐呢？

教育到底该做什么？教育为什么要这么做？这是教育者必须弄清楚的问题。

教育要帮助孩子成长，为孩子成长提供机会与可能。王崧舟老师认为，教育应以慈悲为怀。这个“慈悲”就给了教育一个很好的定位，那就是教育不应追求功劳而应追寻功德。每个孩子的成长都受到诸多因素影响，学校教育只是其中之一。有些孩子受教师的影响（有积极的，也有消极的）较大，有些孩子受家庭、社会的影响（有积极的，也有消极的）较大，还有些孩子受自身或一些突发事件的影响较大。学校教育如果追求功劳，就会夸大自己的功能与作用，就会出现越位现象，从而影响孩子健康成长。学校教育如果追求功劳，就会以成绩为借口做些急功近利的事，就会以一些看得见的“成绩”来“炫耀”自己的功劳。然而，教育还应有一些更深、更长远的看不见、摸不着、一时发现不了甚至永远都无法量化和具体化的东西。这些东西成不了教育的功劳，而只能是教育的功德。这些功德评不了职称、得不了奖，甚至没有人（包括受教育者）知道。

教育的功劳如同推平村头、河边的小高地，让它们变得平整、好看；教育的功劳如同砍掉桥头、垄边的小灌木，让那里变得通透、亮堂；教育的功劳是到处都浇上混凝土、贴上花岗岩，让小草长不出、雨水流不进的干净、便捷；教育的功劳是为了让自己的感官舒服、生活舒适，而不让小狗小猫、小草小树、小坑小洼、小虫小鸟进入我们的生活，打扰我们。可是，这种功劳是真正的功劳吗？教育的功劳是带领孩子们朝着既定目标出发，无论他们是否愿意，跟上就是优秀的，落下就是失败的；教育的功劳只在乎你能否到达目的地，而不在乎你在途中的感受与体验；教育的功劳是希望每个人都朝着同一个方向、用同样的方式同时到达目的地，而不问你为什么去、去干什么以及路上看到了什么、想到了什么。

教育的功德是小路上的杂草，就该让它肆意生长，只要它不影响行人走路；教育的功德是小桥头的灌木丛，就该让它自由生长，只要它不影响行走和桥梁安全；教育的功德是门前小院留一块能长出小草的泥地，门前屋后留一些能积蓄雨水的小坑；教育的功德是村头还有百年香樟，村边还有高低不平的坡地；教育的功德是考虑自己舒服的同时，也想想身边的“朋友”和未来的需求与可能；教育的功德是让孩子经历成长中的酸甜苦辣，成长中的失败、悲伤、无奈与担忧，成长中的骄傲、自豪、痛快与希望，因为这是真实的成长、自然的成长、自我的成长。

只有实现“让孩子成长”这样的功德，教育的功劳才是真正的功劳。因为教育是为了孩子的一生，所以我们既要关注孩子阶段性成长的需要（包括考试、升学的实际需要），也要关注孩子成年后组建家庭、进入社会的需要。当前路面需要浇灌混凝土的，还是要浇，但不必全部浇灌上，可以留些小草、小花、小树。总之，不要为了眼前的便捷而毁掉所有看似没用的东西。

教育，应给学生一个美丽的期待

2016 年农历大年初九是个好日子，天气放晴，我回到母校（上学和工作过 14 年的地方），见到了 20 多年前我教的第一批学生。

我们偶然的相遇促成了今天的聚会。一次吃饭时，我恰巧遇到班上近二十位在外务工的学生在聚餐，我说："同学们，你们回来了都不告诉我?"他们说，大家都想来看我，只是觉得自己做得不成功，不好意思。这句话让我久久不敢面对自己，我已经记不清 20 多年前到底给学生灌输了什么样的成人、成才、成功的观念，让他们对我有这样的感觉。师生原本应该亦师亦友，学生对老师应该既尊敬又感觉亲近，而非感到内疚，因为每个人都有自己的成功与成就。

聚会那天，作为班主任，我被同学们邀请到台上，他们恭敬地请我"教导"他们，但我没有太大的信心给他们"教导"。这不是因为我矫情，而是因为我对教育有了新认识。

"同学们，24 年后我们再度重逢，是什么让我们重新聚在了一起?有人说是情意，有人说是念想，有人说是期盼，有人说是寻找。但我认为是回归。不忘初心，方得始终。"我仿佛又回到了当时的班会课上。"回归什么？回归当时的心态、心情和梦想。我们的记忆中最多的是某个场景、某个画面、某次交流、某份忧愁、某份欣喜等小事。而这些小事就是回归的'线头'，正是拉着这些'线头'，我们才不断拉出了回忆，拉出了念想，最后拉出了今天的期望与寻找。"

"这么多年来，我也时常想到我们班、我们班上发生的一些事、我们班上的同学。每次想到这些，我都觉得很温暖。但在与同学们交流时，我得知，好多同学一直都想和我联系，可又觉得自己没有什么成绩，不好意思，有些回避。这让我感到痛苦、不安。老师本想让同学们通过学习增强各种认识，但事与愿违，老师与大家一起学习时给了大家一些不完整、不全面的观点，误导了大家。”听到我这样说，同学们不知所措地看着我，不知我因何说这些话。

我没有解释，接着说：“今天，老师想和同学们分享‘成功’这个词。（我看到同学们个个都低下了头，有些面红耳赤，有些搓着双手，有些不敢与我对视，反正都很不自在。）好多同学初中毕业以后没有继续上学，而是直接走向社会，有些同学外出打工，有些学手艺，有些做点儿小买卖，有些在家种地，大家都觉得自己没有什么本事，没有取得什么成绩，说白了都觉得自己不成功。可什么叫成功，或者成功人士？我认为成功和成功人士，无非满足以下三个条件：一是能自食其力，对父母、对儿女承担起责任；二是遵纪守法，遵守基本的社会公德；三是能让亲友觉得自己是一个可以信赖的人。如果能做到这三点就叫成功，就是成功人士。”

“方老师，还有呢？”不知谁冒出了一句。

“没了，就这些。”

“方老师，你是在安慰我们吧？你怕我们不高兴、不好意思。”

“那你们说还有什么。”

“至少应该有辆好车吧？”有位同学应了一句。

“还应该有幢好房子吧？”“还应有一定量的存款吧？”……大家你一言我一语。

同学们的回答让我找到了当年我的不足或错误，那就是过于强调他们应该如何如何，过于突出以什么标准去努力、去奋斗、去拼搏，过于注重树立典型“成功人士”来激发他们认真学习。当时我过于注重让所有学生都变得一样优秀，如果他们达不到目标，就被有意无意地看成

"失败者"。或许我们（老师、家长和社会）没有刻意给他们贴标签，可是我们的表扬、我们的故事、我们的眼神、我们的期望无不告诉他们什么是"成功"、什么是"优秀"。现在想想，每个人都一样努力，一样上进，一样拼搏，可能吗？每个人真的都能一样吗？都能一样进大学，一样有份"像样"的工作，一样"功成名就"吗？其实，答案很简单。只不过在当时，处在那样的环境里思考孩子们的人生，我没有想到答案。如果我能站在更宽广的视角来思考孩子们的人生，或许就会有不同的答案。

在不同的时间点上，从不同的维度看待教育，就会看到不同的教育风景。我们设置的目标不是人人喜欢，也不是人人都能够达到的。今天看似非常重要或者必须达到的目标，如果把"镜头"拉长，站在更远的时间点与更大的格局中去看，或许就变得不重要了，也不是非要达到的了。教育是给人的一生奠基，不能指望通过教育把孩子人生所有的"需要"都准备好，供孩子一生使用。教育只能给孩子提供更多可能，这些可能只是提供一些方向，而非提供确定、单一和定性的东西。

在聚会的最后，我说："感谢各位同学不仅让我们有了 24 年后的相遇，还让我们对生活、对亲朋好友、对未来都拥有了美好的期待。当时我们一起营造了让大家终生都期待和想念的氛围。同时，感谢大家宽容我在当时的工作中存在的不足和错误，由于我的不足和错误（无论是专业能力、教育观念上的不足还是无意的失误）给同学们带来诸多影响，我要向各位同学道声'多多见谅'。"

聚会以后有些学生主动和我联系，在交流中，我感到他们的恭敬与谦卑少了，坦诚、直率、亲近感多了；担心与不安少了，询问与探讨多了。教育不能让人心存不安、心存失望、心存回避，而应让人心怀感恩、心怀希望、心怀美好。从世俗功利的角度来看教育，教育就只是跳板，只是台阶，只是工具，只是常常被人指责的"怪物"，而不再是美好的回忆。通过教育获得“功名”的，有着“不堪回首”的悲伤，会埋怨教育过于刻板和世俗；在教育中并未获得“好处”的，得到过数不尽的“排斥”，被刺得满身是伤。教育只有从关注眼前走向关注远方，从单一评价走向多元评价，才能真正帮助与启迪学生。

教育，不是少数人的游戏

教育不仅传播文明，同时也传承与发展文化。现代教育，尤其是现代基础教育的功能，主要体现为为大众提供普惠式的教育启迪。当前的基础教育，看上去热热闹闹——名校成群、名师层出不穷、教育改革成果丰硕，但教育成果与成效只表现在少数学生、少数教师、少数学校、少数项目和少数内容上，而且把少数“亮点”当作普遍“绩效”，把“特殊状况”当作普遍“现状”。其实，教育不应该只为少数人服务，因为教育不是奢侈品，而是生活必需品；教育不应是孩子成功、成才的渠道，而应是孩子成长、成人的过程；现代基础教育不应是“精英”教育，而应是普惠教育。

教育，不应该只成为少数人的努力与追求。国家提出基础教育优质均衡化和城乡一体化，就是针对基础教育的普惠性价值取向和当前基础教育只重视“少数人”而忽视大多数人而言的。基础教育的核心价值是培养人的综合素养而非单一的学科素养。然而，无论是区域教育，还是学校教育，都喜欢用一些“亮点”和令人信服的“硬货”来证明其成效与成绩。这种教育取向，势必会使大量资源被投入少数重点学校、窗口学校中。这些少数学校俨然代表了区域教育的水平。学校则以少数人的成绩（如多少人考上了“985”学校、多少人考上“211”学校以及学校的各项竞赛成绩）来证明和替代学校的成绩。长此以往，我们就习惯性地认为区域“标杆”学校和学校“一技独秀”就是该区域或该学校真正的教育现状。我们评价一个区域、一所学校的教育，就自然地认为这些成绩是最客观、最可信、最权威的。我们的地方政府、教育主管部门、学校和老师也就热衷于不断制造这种“神奇”，以此获得家长和舆论的认可，得到成就感和满足感。

本来区域“窗口学校”和学校“亮点”对教育有着引领作用，这种引领对带动区域教育和学校教育全面发展与提高有着积极与不可替代的作用。然而，如果我们只沉醉于区域“窗口学校”和学校“亮点”，甚至享受这少数的成绩，那么就站在了教育的悬崖边上。名校、名师、优秀学生和优秀课程、优秀课堂及优秀教育项目是客观存在的，但这是如何产生的呢？如果是由资源堆砌而人为制造的，则是教育的后退和偏离；如果是在教育相对均衡的基础上自己生长出来的，则是教育的前进与发展。

区分资源堆砌、人造的和自然、均衡生长出的名校、名师、优秀学生、优秀课程等是我们的基础教育面临的重大考验，也是我们当前基础教育面临的重大选择。我们当然呼唤名校、名师、优秀学生，因为教育要为广大家长及孩子提供适应孩子生长的学校，因为教育最终是要帮助与引导孩子健康、积极地发展。但教育应该是为所有受教育者服务的，孩子们的兴趣、爱好不分高低贵贱，只分健康与否。面向全体学生，不是说把学生培养成一模一样的标准格式，哪怕这种格式是优秀的，而是说我们不放弃、不歧视、不遗忘任何一个学生；面向学生的“全面”，是指对学生各种健康的兴趣与爱好都予以尊重并帮助其发展，而不以功利标准和自己的喜好来判断。

教育，不应该只针对少数人的需要。教育的功能是教化、开启，教育应该服务所有人，包括教育者自己。

教育功能不断窄化，是源于教育的功利化。教育不应是明天成功的跳板，而应是为明天的“无限可能”积蓄相应的基础。今天，无论是家庭教育还是学校教育，无论是家长还是学校、老师、学生，目的基本上都是升学。而升学的目的并非追求学问，而是成为社会“精英”与

“人才”。而成为“精英”与“人才”的目的不是更好、更多地承担社会责任，而是成为让人敬佩的“成功人士”。而“成功人士”则自然而然地享受良好的待遇，做比较“高尚”的事，离“农田、工厂、山林、水塘”远一些。这样，教育自然就“去繁为简”了，原本根深、枝繁、叶茂的大树，被无情的“现实的功利”修剪成了光枝、无叶、少根的“枯树”，只需它长高一点儿，好让“求学”者能借势跨上更高的“云端”，其他的都可有可无。

教育一旦功利化，就会越来越“挑剔”，让那些无法到达“云端”的孩子变成“差生”，慢慢地他们就真的变成了“差生”。这些“差生”不受待见，没有人愿意听他们的意见，哪怕是善意的，哪怕是积极的；没有人愿意理会他们的兴趣，哪怕是健康的，哪怕是有创意的；没有人愿意分享他们的心声，哪怕是赞美的，哪怕是真诚的。这样的教育注重的是“成功与成绩”，着眼的是“人才与成就”；这样的教育装不下“希望与追求”，看不到“可能与成长”；这样的教育欢迎的是“少数人”，让它感到自豪的是“少数人的成绩”。

一旦教育只是为了满足少数人的需要，教育行为、教育评价、教育着力点就会自然而然地只关注少数人，教育者就会理所当然地“放弃”大部分人。教育的公平、基础教育的普惠价值、教育的帮扶作用就会被淹没在浩浩的“功利”之中，更多教育者就会成为助演，更多孩子就会成为“道具”，教育拼搏和革新就仅仅是为了满足少数人的需求，教育就会成为少数人的游戏。

要避免教育沦落为少数人的游戏，首先应该避免人为打造“名师”和“名校”。要建立多样、多向、多层、多次的科学评价，建立“以进口定出口”、“以投入定产出”的可量化的评价机制，这样就可以避免一考定终身和被“结果”蒙蔽真相的单一评价。只有科学、客观的多样、多向、多层、多次评价，才能让教育回到原点：回到教育的原点——为孩子提供更多可能，回到教育对象的原点——面向全体学生和面向学生的“全面”。我们需要名校，但不需要资源“名校”；我们需要名师，但不需要优秀学生成就的“名师”；我们需要优质教育，但不需要攀比下的“高人一等”的教育。名校应该有顽强而坚忍的自我生长力，应该持有“慈悲”情怀的普惠育人观，应该有健康、积极的价值取向，应该有包容、诚实、守道的教育思想。名师应有助人之心、成人之心、爱人之心和宽人之心，名师的价值不在于培养了多少“人才”，而在于帮助多少人产生了变化、让多少人享受到成长带来的快乐、让多少人对人生充满更多期许。优质教育首先是公平、公正的，其次要给每个受教育者成长的机会，最后要为孩子成长创设更多可能。

教育本应是美好的，本应让每个人去寻找与发现不一样的自己、不一样的世界。每个人在教育过程中都要学会不断调整、不断探索、不断感悟、不断思考，从而得到成长。而这样一份成长应该是每个孩子都能拥有的，可是由于教育的功利化与窄化，更多教育者和受教育者失去了兴趣，更多教育目标失去了实现的可能，教育走上了“少数人的游戏”的歧途。

只有让所有受教育者和教育者都有存在感、关注感，都能体会到变化的乐趣，都能对教育和未来充满期待，教育才能真正称为教育。

教己育人——教育新识

一次与校长们交流，有位校长问我："什么样的校长才是真正的校长?"当时我说，助人、助己的校长才是真正的校长。后来经过推敲，我认为，可以这么说，"教己育人"的校长和老师，才能称为真正的校长和老师。在品读李政涛老师的《重建教师的精神宇宙》时，他的"他向教育"（向外教育）和"我向教育"（向内教育）的观点对我有很大触动。作为成年人，我们肩负着对未成年人的教育任务，但这是在教育别人——向外教育，很少有人真正去思考自我教育——向内教育。单一的向外教育是否能称为教育，是否能有效地达到教育目标?

其实，只有教己才能育人。

教己不仅是自我成长的需求，更是对学习价值与学习使命最好的诠释。教育更多的功能在于帮助与启迪，应先有向内教育，这样才有向外教育的可能与基础。

现实中我们基本上都是在帮助别人，进行他向教育，然而在充满"爱意"与"善意"的同时，我们却忽略了教育真正的价值所在。教育是面向所有人的，而非只针对特定群体（未成年人）。教育不应有选择性，更不应有所回避。"教育当以慈悲为怀"是王崧舟老师的职业信仰。这个"慈悲"是普世价值观，是朴素而温暖的人生追求。这种追求不应只是他向的，首先应该是我向的。只有自己慈悲，才有助人、度人的慈悲。慈悲应从心起，教育也是如此。

教育者首先要教己，其次才是育人。教己是教育者对教育价值的尊崇与信奉，是教育者对身教的具体诠释，是教育者对自身能力需求与素养需求的满足，更是教育者践行教育的必经之路。

育人是教育的根本目标。时下，教育的功能和作用在现实中不断扩大，人们对教育的理解变得多元，教育原本的作用反而被弱化、被边缘化，教育的工具化倾向日趋明显，“功利”和“快速”两大推手把教育逼到了尴尬境地，教育似乎成为“实惠者”的代言人。缓慢、多向、可能、完善和个性等原本属于教育的“容颜”慢慢消退了，育人变成了海市蜃楼。

教育的社会功能越被强化，教育被异化的可能就越大。当前教育面临的诸多问题，如以应试替代知识、以知识替代文化、以笔试替代理解、以文凭替代能力、以规范替代道德、以管理替代教育、以考试成绩替代学校教育等，都是绕开教育谈教育、避开育人谈教育带来的结果，都是远离教育要义的结果。

把路径当目标也是当下教育的一大弊病。课程、学科、教材其实都是教育的手段和路径。通过这些手段和路径达到激发内在潜能、养成学习兴趣与习惯、掌握基础知识、开发思维能力、培养人文情怀和公民素养、锻炼身体与技能的目的，才是教育的根本。

“独行侠”做不好教育

一、不能让孩子在“迷糊”中成长

营造家校有共同愿景的教育生态是办人民满意教育的基础。没有家校合作时，家长对教育的追求往往是单一的。单一是指家长不是根据教育规律和孩子本身的需求而提出教育要求，而且往往从“指导者的权威视角”来看待学校教育。这样一来，可想而知，家长对学校教育能满意吗？有一句广告语最能表达家长教育孩子的心态：“没有最好，只有更好。”当孩子的学习成绩不如意时，家长就会对学校管理和教师的教学能力提出质疑。当孩子的学习成绩令人满意时，家长就会对孩子的学习时间提出要求，或者对学校的办学理念提出不同的见解。比如，学校能否开展多样性且适合孩子的“课外活动”（我们现在称为课程），能否让孩子有更多时间走出校门亲近大自然、了解社会、参观博物馆或美术馆等。应该说，家长的这些建议都是对的，但学校是否有能力和时间同时做好不同家长“认为应该”做的事情呢？这个问题家长是不管的，他们只管提“宏观”的要求，而不具体涉及“微观”的操作。

学校也同样存在对家长的片面要求和误区。他们认为孩子的学习习惯、学习兴趣、学习能力、爱心和毅力等都应该由家庭教育负责。老师只负责“我讲你听”、“我说你做”的工作，认为学生是“干海绵”加“电动遥控玩具”，应为学习而活，应为学习而生。老师显然忽视了学生是和我们成人一样有喜好、有情绪、有选择、有惰性的人，且自控力还不如成人。所以，老师除了要对学生讲对错、是非外，还应该从学生的认知规律、情感、兴趣、喜好等角度来思考教育。

只有真正把学生看成活生生的人，教育才能温暖，才会有温度，才能称为为了孩子的教育，才不是生存技能的训练场。而这单靠学校教育是做不到的，因此，家校必须合作。

二、家校间没有“主角”，只有“主导”

教育孩子如同开一家股份公司，家长是公司的董事长，学校是公司的CEO；家长是公司的终生持股人，学校只是公司的阶段持股人。所以，家长和学校是合伙人。不可否认，家长和学校在孩子教育方面各有侧重，但他们不可分割且又相互影响和支撑。学校作为专业、专门的教育机构在教育方面有着不可替代的优势，另外，学校还拥有众多学生和家长这些教育资源。正因如此，在家校工作中学校自然而然地成为“召集人”，如果没有学校这个“召集人”，家校合作是无法开展的。但现在有些学校在家校合作工作中扮演的不是“召集人”，而是“领导者”、“主宰者”，这非常不利于家校合作，会让家长回避甚至抵制学校。

其实，家长在家校合作中不仅仅是参加者，更应是参与者。参加者有可能是观光客、评论员、监督员，而参与者则是活动和工作的主体，活动和工作的优劣、成败均与他相关。只有把学校每项工作的进与退都变成家长的进与退，家校合作才会真正开始。要让家长参与进来，作为“召集人”的学校就要思考，应该给孩子一种什么样的教育，家长、老师、学校可以为此做些什么。学校要为家长、老师搭台子、选唱词、请观众，让他们在教育孩子的工作中各尽其能、各负其责，同时又同心、同力、同向。

弋阳县现在在不同学校、不同时间里，用不同方式开展不同内容的家校合作。比如，圭峰中学把家长会开到家长打工的集聚地浙江义乌和浦江，把孩子们在校学习、生活的情况与他们想和父母说的话拍成视频放给远在外地的父母看；同时，把父母在外务工的环境与想和孩子们说的话拍回来放给孩子们看。这样的家长会效果良好。中畈中学农忙时把家长会开进村，农闲时请家长来学校。曹溪中学、漆工中学、弋阳一中、逸夫教育集团、叠山学校等多所学校请家长参加学校值日工作。朱坑小学、曹溪中学、葛溪中小学开展“百名教师访千家”和“千名家长看学校”的活动。还有学校请家长参加学校监考、做义务路队护路员、参加学校各项活动等。在龟峰国际登山节、全省家校培训会、叠山书院论坛、春节送春联、体育运动会、群众文化体育周等一系列活动中家长都成为志愿者。逸夫教育集团的家长委员会自己组织、自己集资为学校建塑胶运动场。弋阳一小四（2）班家长义卖孩子们的习作《童心飞扬》，全部所得捐给本班一名丧父的同学。弋阳二中一个班的家长为班上失聪女孩小欣捐款购助听器。漆工中学、湾里中心小学、朱垅村小的家长委员会理事长每天都到学校帮助做各项工作……这些只是我县家校合作的缩影。

三、不是没有问题了，而是改变了看问题的心态和视角

团队之所以伟大，不是因为解决了所有问题，而是因为能坦然而真诚地面对问题。只要坦然和真诚，就一定能寻找到解决问题的策略和路径。同样，我们的教育也要承认有问题存在，并坦然和真诚地面对，不推脱、不回避、不指责。我县开展家校合作，的确有效地改善甚至改变了家校关系，营造了家校共同承担教育责任的氛围，帮助学校、老师、家长形成了商量式解决问题的能力，建立了多途径、多渠道化解家校教育分歧的机制，探索了家校合作的方法和措施，为我县教育健康发展提

供了有力支撑。即使如此，我们也没有解决教育过程中的所有矛盾，甚至还比兄弟县市存在更多问题与困难，但是我们开启了家校合作的大门。我们相信路很远，但只要方向对了，哪怕走得慢一些，离目标也会越来越近。

家校共育赢未来

教育是一门科学，更是一门艺术。每个现代人一生都不可缺少教育，面对教育，任何人都称不上行家、大师或者名家。教育界有句名言："经验抵不上科学。"在家庭教育过程中，家长往往会以自己的成长经历和体会去教育孩子，然而科学的教育方法却能使教育更加有效，可以让家长把孩子教育得更好。

一

选择了做父母，也就选择了责任。每位家长都希望自己的孩子有出息，长大后在社会上可以取得一定的成就。然而，家长往往认为，将孩子送到学校读书就是教育，孩子成绩好、考上好大学、有个好工作就是教育成功了。因此，家长对学校教育最看重的是分数和名次，往往过度关注考试成绩。

考试成绩只是对孩子掌握文本知识程度的反映，影响它的因素有很多，包括学习兴趣、思维能力、学习能力等。不管孩子的成绩是上升还是下滑，我们都要分析原因，从学校、家长、社会等多维度全方位、客观地来评估孩子的学习情况，为孩子的学习提供必要的支持和鼓励。一般来说，上课认真听讲的学生成绩不一定好，课后认真自学的学生成绩一定好。这说明，学校围墙外的教育同样非常重要。

过去我们常说，考上大学就是中状元，有了大学学历就会拥有较好的生活保障。但时代在变化，社会在发展，我们的高等教育正从过去的精英教育走向大众化教育。学历只是表明一个人通过了有关知识和能力的培训，而不等于成功择业和就业，更不是教育成功与否的标准。学历无非是打开就业大门的一块敲门砖，而人的成长和发展还需要有正确的人生观、价值观、与人相处的能力以及对社会和他人的宽容与责任。所以说，考试成绩与学历不等于教育，教育大于它们。孩子的成长不能只依靠学校教育，更需要家庭教育和社会教育。

二

众所周知，家庭是孩子教育的第一课堂，家庭教育的重要性不言而喻，因此对教育家长需要厘清几点认识。

一是教育如同锻炼身体。要想身体好，就要加强锻炼，而锻炼需要坚持不懈。我们通常只关注孩子的考试成绩，而忽略了教育的长期性、持续性。一名优秀的孩子，背后往往会有一位或者几位优秀家长和教师长期的努力、支持和帮助。家长需要意识到，你不是评委，不是观众，孩子的成长历程会打上你的烙印。所以，要想孩子积极健康地成长，家长要从自己开始，从小事入手，在一点一滴的生活细节中影响孩子的成长；要用成长和发展的眼光看待孩子的教育，而不是孩子考上大学就算完成了自己的教育职责。

二是对孩子说教不如让孩子实践。有的家长认为，天天交代、叮嘱就是对孩子的教育，把“说”当成“教”，同时对孩子的学习和成长担心不已，孩子一脱离自己的视线就不放心。例如，大部分父母都认为孩子缺乏吃苦精神。其实，不是孩子缺乏吃苦精神，而是缺乏吃苦的机会——父母把孩子捧在手里，拴在身边，孩子如何出去历练和成长？殊不知，知识最直接的来源是实践，教育最好的方式是让孩子亲自去实践。此外，家长和孩子缺少沟通，没有走进孩子的心里，总是以自己的成长经历来判断、猜测孩子的言行。这最终导致家长用自己的权威压制孩子的个性。

三是教育最需要耐心。好孩子是家长“熬”出来的。就如粤菜的煲汤，一锅好汤需要慢慢地熬。教育也是如此，不可能速成。当孩子犯错误、考试失败时，教育就更加需要耐心。在你觉得孩子“出大事”时请记住这几句话：“事情没有我们想象的那样严重”、“天塌不下来”、“明天再说”。有些问题换一个时间或空间去处理，效果会更好。因为冷静下来后，人们看问题就会更加客观，批评、教育时就会更加理性，孩子也会真正认识自己的错误，并且感受到父母对自己的爱。

授之以鱼，不如授之以渔，不如授之以欲。欲是指想法、希望、目标，要让孩子对人生永远充满希望和梦想。欣赏、表扬、鼓励孩子，就会让孩子离你越来越近。魏书生老师就在校园里挂了一条横幅，上面写着“高高举起表扬的武器”。这是他的教育哲学。严厉指责、埋怨只能让孩子越来越远离你，家长和老师要学会轻声批评、温和指责，要让孩子感受到父母和老师的爱，感受到自己的成长背后有人在付出，从而培养他们感恩和回报的意识。

三

假如我们把教育孩子的工作比作现代企业经营，那么学校与家庭应该是合伙人，其中家长是“企业”的创始人、董事长、终身持股人，学校（老师）是“企业”的 CEO、职业经理人、阶段持股人，二者是共赢共输的关系。那么，家长和学校应该如何合作，如何通过共同的努力把孩子教育得更好呢？

首先，作为合作者，家、校要加强沟通、交流。通常老师请家长到学校去，家长的第一反应往往是孩子在学校出事了，否则老师是不会请家长去学校的。或者，家长和学校（老师）都有一个错误的思维定式——认为乖巧听话、成绩优秀的孩子，不需要家校间的沟通、交流；只有孩子出现问题了，才需要家校沟通、交流。

笔者曾经担任过两个班的班主任，在开家长会时曾说过："幸福无顶点，痛苦无底线。"意思是孩子教育得再好，也还有上升的空间；孩子存在的问题再多，也还要不放弃，继续努力教育。有的家长觉得自己的孩子成绩不理想，考大学的希望渺茫，就放弃了对孩子的教育，不与老师沟通、交流。这种想法的错误在于，认为家校合作就是为了提高孩子的学习成绩。其实，即使孩子在学校时学习成绩不理想，在社会上也可能打拼出一片天地。

我认为，有效的家校合作是通过双方的沟通、交流，使家长和老师了解孩子成长的需求，帮助孩子"飞得更高"。

第二，家校合作需要家长、老师互相尊重。有这么一句话："信任能培养信任，爱心能培育爱心。"其实，家长对老师、学校尊重，也就是尊重自己的孩子。老师需要全社会的尊重、认可，从而感受到职业尊严，并因此而感到自豪。只有这样，老师才能潜心教书育人，孩子才会得到更好的教育。反过来说，老师尊重家长，也是尊重自己的工作，敬畏自己的岗位，尊重自己的价值。倘若老师不尊重家长，家长又怎么会配合你的工作呢？

第三，家长与学校（老师）应互惠互利、互通、互敬。互惠互利——把学生教好，是双方共同的期望；互通——信息互通，老师需要通过家长了解学生的性格、兴趣、生活习惯等，家长需要通过老师了解孩子在学校的学习情况、与同学相处的情况、是否积极参加学习活动等；互敬——相互尊敬，双方应该是平等的，不是谁求谁、谁高于谁的关系。

家长往往还存在一个认识上的误区，认为孩子进入学校后，自己的教育职责就完成了，甚至以消费者的眼光来要求、评价学校。其实，家长和学校是合伙人，两者意见不统一时，可以坐下来商量。家长和学校只有合作、协调、沟通、互相帮助，才能让孩子越来越朝好的方向发展。只有在平等、友善、和谐的家校合作环境中成长起来，孩子心中才更加可能充满善和爱，他们对未来才会更加充满希望。

第四，家长和学校应为孩子营造健康、积极、向上、快乐的学习、成长环境。在这一点上，江西省玉山县、婺源县值得我们学习，它们非常尊重教育，尊重老师，尊重学校。玉山县被称为“博士县”，婺源县博物馆堪称全国最好的县级博物馆。婺源出了不少历史名人，如古代哲学家、教育家朱熹，中国铁路之父詹天佑等。

一个地方如果不重视教育，就难以出优秀人才，也就难有大的发展。我们需要共同努力，在社会上、学校里、家庭中营造读书的好环境。“水清鱼儿就快乐”，“水”就是学习环境，“鱼儿”就是我们的孩子。为了鱼儿快乐成长，每个人都有责任保护、维护水的质量。尊重教育、尊重学校、尊重老师，也就是尊重我们的未来。

（原载 2014 年第 1－2 期《江西教育·A 版》，略有改动）

第二辑 课堂从什么时候开始

想清楚为什么要做比知道怎么做更重要。培训其实就是要解决三个问题：一是为什么要做，二是怎么做，三是做什么。有些一线教师往往不想知道为什么要做，只想知道怎么做。

逼出来的才华

“才华”一词一般和“天才”、“巨匠”或“天王”、“天后”等“高大上”的词连在一起。一开始我用了“才能”一词，后来我想还是让我身边这些平凡到难以被发现的人也“奢侈”一把，于是将“才能”改成了“才华”，或许这样才能体现出他们的变化。下面，让我们一同来感受一下这群普通人被“逼”出来的“才华”吧。

2015 年 5 月，我县承办了第九届小学“语文主题学习”观摩研讨会（华东区）。为了让会议融入本区域元素，我们向华东六省、市前来观摩的同人开放了三场弋阳教育的“盛宴”——叠山书院论坛。在这次活动中，我看到了三个团队被“逼”出来的“才华”。

三场论坛，三个主题，三套人马。每次活动不应该仅仅是展示，更不应该仅仅限于活动本身。活动的真正价值在于通过活动让团队文化得到认可与丰富；在于培训团队成员，让他们在工作的目标、策略和路径等方面得到提高。这三场论坛，一场是“阅读让我们学会理性思考”的教育梦·龟峰读书联盟主体活动论坛——畅谈儒学宫；一场是“优化教育生态，寻找‘合伙人’”的家校合作论坛——畅想叠山书院；一场是“弘扬谢枋得的爱国情怀和坚守信仰”的民族精神论坛——畅言谢叠山学校。这三场论坛看似主题各异，但始终围绕教育文化、教育环境、教育目标三大主题，让来自不同岗位，有共同兴趣、共同愿景的老师们一起确定话题、挑选人员、商讨形式、准备脚本和场地音响、灯光服务等。在整个活动过程中，可以说是困难与时间相伴，艰辛与日月同在，喜悦与日夜共存，收获与纠结结缘。

要在短短一个月的时间（中间还有“五一”假期）内准备好三场论坛，困难是可想而知的。团队成员来自不同单位，他们各自的正常工作还不能减量、不能降质。从论坛内容到展示形式、从参与论坛人员选定到场地布置都需要大家自力更生。每个论坛都有许多专家、名师观摩，论坛的质量是一个不可回避的问题。正是在面对困难、应对困难的过程中，我们收获了团队成员的成长，发展了连他们自己都觉得不可思议的“才华”。

畅谈儒学宫以分组话题的方式进行，分成“魅力弋阳”、“感动弋阳”、“圆梦弋阳”三大板块，分别以身边人的读书故事来诠释弋阳的历史文化、风土人情、社会现象。有年过七旬的老教师领衔的三代同为教师的家庭谈读书立家风、树教风、影响学风的故事；有校长带领教师读书、爱书，建设有浓浓书香的学校的故事；有教师带学生每日必读、父母带子女亲子阅读、同伴互助共读、伙伴闺蜜同读等故事。每一个故事都带来一幅动人的画面：中畈乡汉墩村完小年近六旬的吴慧英老师坚持带村里的家长、孩子读书；陈彩虹、程璐、叶小燕等许多老师原来不喜欢读书、动笔，现在不但喜欢读书，而且坚持写教学随笔，并经常在刊物上发表文章；一些从未组织过活动、从未参加过演讲比赛的老师举办了有主题、有内容、形式新颖的活动。

畅想叠山书院以家校合作为主题，论坛由“家校携手谱新篇”、“合作故事暖万家”、“家长课堂展风采”、“亲子阅读共成长”四个环节组成。每个环节都由来自不同学校的家长、老师、学生根据我县开展家校合作的实例进行梳理、整合、提炼，无论是案例的收集、整理、编写、编辑，还是论坛展示的方式，都是由参与人员自己商讨决定的，所有参与人员都是自愿报名，人员合作与分工都是他们自己决定的。

畅言谢叠山学校以话剧形式展示谢枋得先生坚守信仰和严谨治学的一生。整出话剧从史料收集与查阅到话剧脚本编写是由查丽丽等三位老师在不到十天的时间里利用工作之余完成的。她们以前从未接触过谢枋得先生的资料和话剧剧本写作，一开始认为这是一座不可逾越的“高峰”，但她们硬生生地攀上去了。没有导演知识和经验的章杰明老师带着一群没有舞台经验和技能的老师向观众们演绎了一出近乎专业的话剧。

我们在一个月时间（正常工作照旧进行）内，动用了一百多人，给与会者展现了一场真实、专业、有思考深度的文化“盛宴”。因为我们只给了方向和目标，没给主题、方式、内容，没有专业指导者，甚至没有行政力量参与，所以参会的专家、学者、老师无不表达了自己的敬佩与感动。

发现另一个自己不仅需要自发的内驱力，还需要外力与环境的逼迫，很多才华和本领都是逼出来的。

“打磨课”是教研还是作秀?

我曾经对优质课评比怀有抵触之情。什么原因呢?首先,我认为优质课精雕细琢,没有必要,而且有弄虚作假之嫌。其次,我认为优质课与常态课相距甚远,有些和平时的课堂完全不一样,有急功近利、贪图虚荣之嫌。另外,我认为花那么多时间打磨一堂课很不值,不如多上几节课帮助学生多解答几个问题。

可是在看到一条关于“打磨课”的微信后我陷入了沉思。“如果不是晒课(公开课的另一种称呼),有多少老师会就一堂课的设计这么多次推倒重来,这么多次对学生的学情进行分析,这么多次对如何把握和理解知识点进行推敲,这么多次关注自己的言行和肢体语言,这么多次……”这位老师一连用了六七个“这么多次”来表达他为晒课所付出的努力。“还有,不是这样的比赛,我们普通老师上哪里能请到这么多老师这么多次帮助我们分析课堂呢?”于是,当我再次审视和端详“优质课”时,我再也没有理由简单地肯定或者否定它了。

老师的成长应该来自其内在需求。“优质课”也好,“打磨课”也罢,它们是让老师反思和修正的机会。当然,在现实中存在为“优质课”而“优质课”,为比赛而“打磨课”的做法。这种做法不应该被推介。另外,有些炫技课(展示教师技能)、煽情课、模式课也不应该被肯定。因为课堂应该是师生针对某一个或某几个主题而展开有序讨论的过程,而非以课前预期目标完全达到为标准,课堂教学的优劣主要应该看老师怎么教而非教什么、学生怎么学而非学什么。只有这样去评价课堂,课前准备才不会变为“作秀”,老师才不会去“做课”,才不会去上

"表演课"。

另外，老师反复打磨的过程，就是反复重建自己的教学思维和重塑自己的教学认知的过程。而这一过程其实就是老师对课堂重新定位、对学生的学情深入分析和判断、对课程再次学习与揣摩，以及对学科课程标准再次认知的过程。这不正是我们花大量人力、物力想通过培训改变教师的地方吗？除此之外，"打磨课"还可以让老师们围绕某堂课各抒己见，对课堂目标、课堂效果和课堂路径进行争论与探讨。这种探讨就是小组学习，也是集体备课。

"打磨课"、"优质课"的真与假，其实不取决于上课老师，而取决于评课老师。评价在哪里，老师的着力点就会在哪里。要让"打磨课"成为教师专业成长的平台，大家就不能只盯着这堂课，还要看到教师为了这堂课在背后都做了些什么。只有这样，教师才不会为"优质课"而"优质课"，而会为每一堂课去打磨，这样的打磨才是教研。

让读书联盟传播更大能量

推进区域阅读是推动全民阅读的基础。只有教育者和青少年真正爱上阅读，对全民阅读的期待才有可能实现。

为此，我们弋阳县让热爱阅读的人结成自由组合体，成立了“行政引领、自愿参与、兴趣相投、专业成长”的民间组织——教育梦·龟峰读书联盟。

搭建平台，展示阅读。阅读是一个人内心的独白，是一个人静心的沉思，但阅读也需要同行的鼓励、同伴的分享。我们尝试了一个人静读、闲读、细读、精读和群读、伴读、互读等各种方式。

教育梦·龟峰读书联盟设立了“三、四”式阅读平台。“三”是指形成三级平台，即县级、片区级和校级阅读平台。县级平台从联盟机构运行、服务、活动、评选等方面予以帮扶。“四”是指明确读书联盟的四项目标：一是唤醒与激发联盟成员的读书意识：二是培养教师的读书习惯，培育读书氛围；三是通过阅读提升教师和家长的教育专业素质；四是打造书香校园，营造全民阅读的氛围和生态。

关注自我，传播引领。教育即生长，不仅有受教育者的生长，也有教育者的生长。教育，乃教己育人。教师的阅读应区别于其他岗位人员的阅读，教师除了要关注自己的阅读需求外，还要有帮扶与引领他人阅读的意识。

教育梦·龟峰读书联盟通过热爱阅读的教师、学生和家长的传播与引领，为推动书香校园建设和推进全民阅读开展了“十个一”项目。

“十个一”项目内容如下。“每天一阅读”，即不要求联盟成员每天读多少，不规定读书的具体要求，也不要求他们怎么读，只要读了就可以。“每周一美文”，即联盟成员每周推荐一篇美文，美文出处不论，格调积极、健康即可，可推荐可自己写。“每月一推荐”，即联盟就大家推荐的一本好书，集中向联盟成员推荐。“每双月一互动”，即每两月一次联盟阅读交流互动，分享读书故事。“每季一诗会”，即一个季度一次原创或推荐诗歌创作和诵读活动，并开展“为您读诗”活动。“每期（学期）一展示”，即每学期联盟成员以校、片区或县为单位分享阅读收获、体会和建议，展示阅读成绩与成效。“每半年一论坛”，即创办以弋阳籍南宋著名爱国诗人谢叠山命名的叠山书院论坛。近几年来该论坛已举办九届。它已成为传播区域教育、文化与文明的窗口。“每年一（系列）评选”，即分月、季、半年、一年开展有关读书与教育的评选，评选“读书人家”、“最美育人家庭”、“最美阅读人”等。“每书一体会”，即一文一体会、一书一体会、一学习一体会，集读、思、写、行于一体。“合四为一”的阅读更有价值，更有意义。“每活动一交流”，即凡是开展活动必有反馈，必有互相交流，让思想在碰撞中升华，让智慧在交锋中闪烁。

创办读书联盟，是推动区域阅读的一种探索，也是教育阅读引领全民阅读的一种尝试，目前它正在发挥越来越大的效应。

（原载 2016 年 4 月 6 日《中国教师报》，略有改动）

松绑是为了激活

中共中央印发的《关于深化人才发展体制机制改革的意见》（以下简称《意见》），要求克服“唯学历、唯职称、唯论文”倾向，并对在专业技术职务晋升过程中长期为人所诟病的“职称外语”和“计算机应用能力”，今后将“不作统一要求”。

这对中小学教师来说是个好消息。对中小学教师进行职称评定是出于教师专业化的需要，设置一定的评定条件是为了让一些“优秀教师”凸显出来，所以需要不断地增加评定的“技术”含量。然而，中小学教师是应用型人才，而非研究型人才，他们的专业技术能力更多地体现在课堂上，体现在日常的教育教学而非理论研究中。中小学教师中不乏有学术成果的，但他们毕竟只是少数，而且他们的成果往往是建立在日常的教育教学工作之上的。所以，中小学教师职称评定的条件应由他们的工作内容和性质决定，职称论文、职称外语、职称计算机应用能力作为必要条件，不仅没有实现提高中小学教师专业能力的初衷，反而成为他们成长的障碍。如果能“不作统一要求”，甚至不作为条件，那么对释放中小学教师的活力、减少中小学教师的压力则有积极作用。这不但不会削弱中小学教师的专业能力，而且能让他们做更有实际价值和意义的事情，能让他们从轻实际重考试、轻能力重要求、轻效果重文案的怪圈中走出来。

《意见》释放出了党中央的一个重要信号，那就是从单一、机械的用人机制向多元、灵活、实用的用人机制转变，也就是以人才分类、分层设定人才管理与评价。束缚人才就是束缚生产力，人才机制机械化就是市场活力疲软，过度限制人才流动就是用人导向不明确。中小学教师职称评定涉及多个部门，每个部门都站在自己的角度来看待，并提出自己的意见和要求，这样，看似“松绑”的职称评定就有可能落入新的“规定”中。

如何让中央的好政策落地？这还需要各部门走进实际，以供给侧思维来看待中小学教师的职称评定工作，应考虑中小学教育的需求和功能，以“管办评”思维划分各部门的职责与责任。不需要相关部门一个不落地全程参与，只需每个部门提出相应的原则、要求，如职称设定及比例、职称评定方向及目标、职称评定程序及要求等。中小学教师职称评定应以实际工作状态和效果为主要指标，因为教师的专业技术是服务于学生、服务于教育的，所以教师职称评定的资料、数据应以用人单位提供的为主，其他部门则以规定的评定要求予以审核，而不是具有核准权。也就是说，中小学教师职称评定只需相关部门对资料、数据予以核审即可，而不应该像现在这样从要求、标准、审核到核准，再到审批全都掌握在相关的非用人单位手里，而实际用人单位却没有话语权。

《意见》只是一个纲领性文件，要让《意见》落地还需要各级政府和部门制定相应的落实措施。中小学教师职称评定要能真正做到《意见》中所说的对职称英语、职称论文和职称计算机应用能力“不作统一要求”，就需要各级政府和部门明确它真正的目的和价值。只有这样，才能制定出教师职称评定的标准和要求。制定教师职称评定的标准和要求后，就要明确职称评定的程序和各部门的职责，还应把职称评定的目的和价值、标准和要求、程序和职责以及提供的材料和数据作为职称评定的“关键”。各部门要职责分明，各负其责，无须谁批准谁、谁请示谁（指同级部门之间）。教师职称评定应重视实际工作，重视教育教学现状，重视教师在学校、学生和家长中的评价。

《意见》的出台也体现了政府职能的转变，是中央关于政府职能转型、减少不必要审核审批权限、加大监管和服务职能的体现和落实。国务院要求各级政府和教育主管部门不断推进管办评分离，让学校拥有更多办学自主权，切实做到投入与服务、办学与教育、评价与监督各负其责、相互监管、相互帮助、相互服务。中小学教师职称评定其实就是国务院推动政府职能转变、教育管办评分离工作的试金石。中小学教师职称评定看上去只是减少了教师“额外”和“过高”的负担，其实更重要的是调整教师的价值取向，让教师从重个人“纯专业”素质的提升向重“教育教学”能力转变，从“利益价值追求”向“专业认可追求”提升。多年来，中小学教师职称评定过程中暴露出“假、大、空”问题。“假”是指职称评定资料造假，比如假论文（收费论文）、假考和代考（交费认定，交费了事）。“大”是指课题、论文的主题等过高、过大，甚至远非中小学教师所能及，结果造成教师的价值观扭曲。“空”是指职称评定的有些要求落不了地，不能真正促进教师专业技能的提升，也不能助推教师提高日常教育教学水平；评定的相关内容空洞无物，导致既无落地措施也无实际问题，更无研究与结论的“空对空”式的“三无”课题与论文出现。这显然违背了中小学教师职称评定的初衷，也实现不了激发教师在职学习与提升的良好愿景。

《意见》如果能真正落到实处，则有利于减轻中小学教师的压力，让他们专注于对教育教学实际问题的研究与思考。松绑是为了激活更多活力，中小学教师职称评定只有面对现实，以教师的工作性质和工作目标为评定条件，才能促使中小学教师专业的成长和他们实际教育教学能力的提高。

优质教育呼唤优秀教师

我们缺教师，更缺优秀教师。优质教育的形成需要多种因素支撑，教育目的、教育评价、教育条件、教育生态、教育管理等都会对教育有一定影响，而教师在教育中占有不可或缺的地位，而且在当前的状况下，学校教育承担的责任特别大，教师的作用也随之增大。民族振兴的关键在教育，教育振兴的关键在教师。

只有具有稳定的支点，杠杆才可能撬动很重的东西。阿基米德说过："假如给我一个支点，我就能撬动地球。"我们可以用杠杆原理来思考我们的教师培训。教师的潜能是巨大的，只要我们找到激发教师潜能的支点，教师就能做得更好。教师培训工作就是在寻找这个支点。客观地说，不同的教师支点不尽相同，就像不同的花有不同的颜色、形状、香味和花期，在不同的季节盛开，但这并不影响人们对它们共同的认知。人们只要想到美、艳、香，基本上就会想到花，这说明美、艳、香是花的支点。那么，教师的共同支点是什么呢？说大点儿是教师的职业归属感，说具体点儿是教师的岗位需求。教师们可能因为各种原因来到这一岗位，也怀着不同的情怀理解这一岗位。但可以确认的是，他们都希望获得这一岗位所带来的尊重与尊严。于是我们就可以从这一点出发，寻找教师的共同支点。我们发现专业成长可以让教师获得尊重与尊严，因此专业化就是教师的共同支点。于是，走专业化道路自然而然地就成为弋阳教育的主脉络，也就成为教师培训的目标和方向。

只有信了才会去效仿，只有服了才会去做。国家、省、市乃至县都在大力推进教师培训，也取得了一定效果。当然，也存在听时心动、议时激动、做无行动的尴尬现实。究其原因，有以下几点。①一线教师更关注教学中现实问题的解决措施与路径。②培训过程管理只是培训工作的一个环节，培训前和培训后的管理基本为空白。学校不知道国家、省、市级培训的内容，所以无法对培训进行管理。③国家、省、市级培训的专家绝大多数来自大学或教科研机构，他们往往没有从事过基础教育或已经离开基础教育界多年，缺乏一线教师对基础教育的"切肤之痛"，所思、所讲的东西很难让受训教师产生共鸣，而且容易使受训教师对他们产生抗拒心理。④大多数受训教师对专业化成长并没有强烈的内在需求，他们参加培训很多是出于无奈和应付任务。县级（校级）培训如果能够对这些问题思考到位，就可以尽量避免这些出现。我们的县级培训采用了"身边的人影响身边的人，身边的事感染身边的人"的方式。三年来，弋阳县建立了一支一线教学和管理业务能力强、工作绩效好、社会认可度高的县内专家队伍，我们采用竞选、聘请、考核、推荐等方式挑选专家，让受训教师不仅听到还看到、不仅看到还学到。关键是这些专家要能让受训教师信服。只有信服了，他们才会去效仿，才会去实践。培训的目的不仅是改变、提升，更是行动。

只有看得远才会有希望，只有做得到才会有行动。构建共同愿景是每个优秀集体的必需品。共同愿景就是共同希望。教师培训，首先应该让受训者对教师职业充满希望和期待。因此，应该让教师看得远。教师应了解教育到底是干什么的、教育的作用到底有多大、要如何看待孩子们成长的需求与现实教育的冲突，等等。普通教师往往更愿意听听身边的优秀教师对这些问题的见解。我们恰好可以根据他们的这一心理来为他们提供可学的"榜样教师"，让他们觉得这些教师的理念、做法可行、可学，而且自己将来也能够变成"台上的他"。这样，培训就能达到让受训者听懂、学会、行动、改变、提高的目的。

想清楚为什么要做比知道怎么做更重要。培训其实就是要解决三个问题：一是为什么要做，二是怎么做，三是做什么。有些一线教师往往不想知道为什么要做，只想知道怎么做。可是这样，他们就永远都不可能成为优秀教师，甚至连合格教师都不是。如果培训不能解决这一问题，就达不到让教师专业化成长的目的。那么，到底该如何做呢？应先从教师“做什么”开始，然后对教师的教育现状和他们在教育中存在的困难进行调查，根据教师的实际需求和存在的问题来确定培训内容、培训方式、培训“专家”等，这是“菜单式”培训。接下来，应以“做什么”中存在的问题为导向进行探讨，分析导致问题产生的可能因素，寻找解决问题的路径和对策，这是“案例式”培训。“案例式”培训在“做什么”中寻找“怎么做”的问题，通过案例分析出“做什么”背后的“怎么做”。大家知道“怎么做”后，再用以小组为单位的团队构建来反问自己“做是为了什么”，这是“反思式”培训。我们的培训目标和其他培训的目标是一致的，区别在于我们选择了“过渡式桥梁法”，而其他培训采用的往往是各显其能的“自我过河式”。也就是告诉受训者去哪儿、有几种方法；至于到底怎么去，则需要受训者各显神通。这是“奥赛班式教学”，适合“学优生”，不大适合普及式培训。其他培训往往自上而下，也就是先讲“为什么要做”，再讲“怎么做”、“做什么”，而后者一般是略讲或干脆被省略掉。而我们先注重“做什么”，然后“专家”和受训者一起商量、归纳、整理“怎么做”、“为什么要做”。培训效果如何，则由受训者评价。

培训是提高教师专业化程度的必经之路，同时也是开展教育教学改革的前提，更是办优质教育的关键手段。优秀教师不是与生俱来的，而是不断自我诊断、自我学习、自我完善而成的。我们渴望优秀教师，所以，为培训出优秀教师，我们应该努力改变自己。

呼唤培训重新回到教师身边

教师强，则教育强。教育部为此推行了中小学教师国家级培训（简称“国培”），各省市也相应推出了不同层面的教师培训。客观地说，教师培训对教师成长有着极其重要的作用。但不可回避的是教师培训进入了瓶颈状态，有点儿上热下冷。不客气地说，教师培训有“食之无味，弃之可惜”的尴尬。是什么原因让这件利国、利民也利己的好事，得不到教师认可，甚至让教师有抵触情绪呢？

首先，现在的教师培训过于重视学科构建。基础教育教师培训（包括省级培训）项目基本是由高校（而且是师范院校）实施的，基础教育教师成长需要高校教师引领，因为高校教师对学科的构架和构建的能力可以让基础教育教师重塑学科体系的能力得到提升，还能让他们对学科内容和内涵有着更深刻的理解。可能正是基于这种理解，国培项目落户在高校，由高校制订国培项目计划。高校以自己的视野制订中小学教师培训计划，这种计划的优势在于“高”标准，同样其不足也在于“高”标准。高校认为中小学教师的不足之处是他们的学科素养较低，认为当前他们最需要加强的是学科的构建能力。所以，国培课程充满学术味儿，即使是教育学、心理学甚至师德培训，也强化学术体系完整。培训充满自上而下的“教”，以讲座作为培训主要甚至唯一的方式，没有以现在基础教育改革的理念，从情感、态度和价值观的维度去开展。

中小学教师学科素养不足是不可回避的事实，但我们必须对教师培训和全日制学生的学习加以区别，因为他们的学习目的、学习心态、学习愿望都有很大区别。中小学教师是带着教育教学困惑与困难来寻找

"良方"的。其实，这个"良方"就在他们身上，但要找到这个"良方"，就必须借助外力。培训就是一种外力。如果我们的培训者能从中小学的实际教学问题切入，寻找解决问题的办法，慢慢帮助受训者增强学科的构建意识，提高学科的构建能力，这样就能达到较好的效果。但在现实中，这种培训太少了，在大多数培训中培训者以自己对培训的思考和理解去畅述学科构建，而没有考虑受训者的思想与认知。换句话说，中小学教师培训不可缺少学科素养提升的内容，但不能以之作为培训的"绝对"内容，更不能以学术讨论和研究的方式进行，而应以中小学教师的认知方式进行。然而，这却是高校教师陌生的领域。要解决这个问题，首先需要培训者有中小学教育的体验和感受。其次，国培课程要用"混合体"的形式——以课程为根、为本、为基，由多名培训者共同完成。最后，国培项目应该根据不同的培训对象制定培训目标与课程，组建由不同工作背景和学识背景人员构成的培训团队。我们不能再把教育培训变成另一个教育撕裂的案例，否则中小学还会继续以学科、章节、一堂课为"界"，让学生随学科、章节、每堂课的变化而变化，而不是让学科、章节、每堂课的知识、内容、目标服务于学生。而这是我们不愿看到的。

其次，教师培训只关注培训过程，而不关注培训前和培训后。现在的培训是分配式和异地式的。分配式是指以当地教师（或某阶段或某学科）的比例分配受训教师指标。这些受训者的基础性信息对培训者来说是空白的，培训者只能自己猜想。而他们的猜想与受训者的真实状况能有多少相似度？异地式培训不仅加大了培训成本（经费成本、时间成本、体能体力成本），同时也折射出培训的指导思想——那就是以培训者而不是以受训者为本的价值观。教师培训既要关注培训过程，也要关注培训前和培训后。培训前，培训者要对受训者进行调查了解，明确受训者的背景（学历背景、工作背景）以及受训者的培训愿望。这类似于教师备课时备学生，因为课堂不是教师个人海阔天空的舞台，而是师生探讨未知的场所。培训后，要对培训效果进行跟踪，培训不仅是教师“知”的需求，更是教师“行”的需要，没有教师教育行为和方式的改变，教师培训就毫无价值。而国培既不关注培训前的调研，也未跟进培训后教师的教育和教学情况。

综上所述，国培单一的从上而下的方式客观上造成了培训的“空白”，给教师培训带来了先天不足。要解决这一问题，就只能从源头上予以关注。国培既要从基础教育对教师素养和教师岗位的要求出发，也要从教师培训的实际效果出发，还要从教师自身成长的需求与教师的现状出发。只有这样，国培才能做到好心办成好事。我们可以从原有的“要求”思维向供给侧思维转变，建立以县级主体为责任主体，整合国家、省、市、县级培训资源的培训模式。可由县级相关部门根据国家级、省级教师成长和教师素养要求，落实国培、省培目标与计划，借助高校平台制订县级教师培训计划，以申报项目的形式上报，经上级教育主管部门批准实施。另外，应成立国家、省、市、县级教师培训学校和教师人才库，规定培训教师选拔和选定制度，编写教师培训目标及教材，并收集培训案例形成国家、省、市、县级培训的案例库。要明确培训前、培训中和培训后的要求及目标，将教师培训过程写入教师档案，作为重要指标进行考核。

教师培训要回归教师工作和生活的“原貌”，立足教师的现实工作与生活去思考和开展。以县级相关部门为责任主体的教师培训机制，既符合国家以县为主的办学体制，又能更好地承上启下开展教师培训。这样的培训既有引领者的思考，又有行动者的探讨，同时还可以解决国培上不去下不来的困境与尴尬。

为教师铺路搭桥

教师职业倦怠是教师专业化成长的主要障碍，也是教育改革的拦路虎，更是提高教育教学质量、推进教育改革的难点。因此，如何解决教师职业倦怠自然成了各地各校的重要议题。要解决教师职业倦怠，首先要弄清楚教师因何倦怠。造成教师职业倦怠的原因很多，但归纳起来无非下面两种：一是地位、待遇、压力、要求等外部原因，一是为什么要做、怎么做、为谁做等内部原因。那么，我们应该如何解决教师职业倦怠呢?

要营造合作式的生态环境化解教师不必要的困境。教师的待遇看似广大教师职业倦怠的核心缘由。不可否认，当前教师的待遇的确很低，尤其是在经济不发达地区，中小学教师的工资很难让一家人较为宽裕地生活，这对教师乐于从教、真心为生有一定影响。然而，社会上对教育、对教师的各种不当认识也是造成教师职业倦怠的重要原因。比如，人们对教师辛勤的工作不理解，对教师工作的专业性不认同，给教师强加一些职责，更有甚者，对教师工作和教师职业无端进行指责，把教育中的负面个案夸大，把社会上的不良现象归咎于教育、教师。又比如，一些所谓“公知”和少部分没有底线的媒体、媒体人为寻求自身利益，混淆是非，把教师树为社会的“公敌”，从而让学校和教师的责任无限放大，大得超过他们应有的承受能力，使得他们放弃应负的责任。这迫使我们重新审视为什么要做、为谁做、怎么做等问题。

要改善教育生态，营造合情、合理的教育氛围，减轻和化解教育外部因素所造成的不良影响。家长与学校在教育孩子上如同开一家股份公司，家长是公司的董事长、终生持股人，学校是公司的CEO、阶段持股人。家校关系其实就是合伙人的关系。“为什么有些教师与家长关系那么好呢?”一位管理者问我。“我们首先要问问自己，我们要给予家长什么。如果我们给予家长温暖，家长也会还给我们温暖。”只有拥有合伙人般的家校关系，家长和教师才会相互支持、相互帮助、相互理解。

要以真心换真情，以热情换爱心。近两年来，弋阳县成立了大大小小的教育发展基金十几个，以个人或毕业校友为名的教育基金不下十个，它们为教育事业捐款共计五百余万元。这些捐款大部分用于奖励优秀师生、帮扶困难师生，让教师感受到社会对教育的关心和期待。获奖教师多次表达，他们得到的是奖励和荣誉，收获的则是温暖与信任。

为了改善农村中小学教师的工作环境，我们开始实施农村教师生活工程。从教师的吃、住开始，将教师生活化的理念融入校园建设中，让农村中小学在规划、设计、建设时充分考虑教师住校所必需的生活设施，尽量让住校教师生活方便、舒适。解决农村教师用餐问题，力争校校有食堂，尽量为教师提供免费或价格低于成本的工作餐。解决教师生活用水问题，确保网络信号校校通，等等。这一工程让教师感觉到了尊重与信任，减少了一些由生活必需条件不足带来的职业倦怠。

要让教师站在舞台中间寻找教师专业化发展的价值。教师职业倦怠的另一个原因来自教师自身。“我从不将就一堂课。”这是弋阳县弋江镇第一小学陈徐英老师经常说的一句话。我相信每所学校或多或少都会有这样的老师，但更多的老师对课堂却是将就的。为什么会这样呢?“不同层次的老师心态不一样。”与陈老师同校的吕云老师回答。“心态不一样的老师有着不同的行动和思维，而不同的行动和思维又造就出不一样的老师。”叶园林校长分享了他的观点。两位一线老师和一位教育管理人员短短的几句话道出了造成教师职业倦怠的一个重要原因。教师要在思考自身原因的同时思考我们的服务对象——学生的需求。

要让每位教师都有机会站在舞台中间。只有让教师有存在感，教师才会有荣誉感，才会有追求。如果每位教师都有自己的追求，自然就会有兴奋点。尽量少做少数人的游戏是我们开展师生活动时坚持的理念。搭建适合有不同需求的教师的平台，让不同类型、不同层次、不同兴趣的老师都能找到属于自己的舞台。“文星杯”教师系列展示活动，分成课堂类、教研类、文体艺术类、生活技能类、生活情趣类……教师的兴趣在哪里，我们的平台就搭在哪里，这是我们工作的宗旨。

要不遗余力地为教师搭建专业化成长的平台。在“谁能和美国年度优秀教师对话”活动中，我们在校园里张贴彩色宣传画，鼓励教师主动外出学习；“影子校长培训”是为愿意学习的校长们提供的一个平台；参加新学校年会，让教师赴上海、天津、山东、浙江、广东等地学习，给他们打开通向外界的通道。培训的目的是给想改变自己的人一次反思和修正的机会。去推一堵坚固的墙，或许我们永远推不倒这堵墙，但我们却在一次又一次推墙的过程中锻炼了自己，让自己变得强大。培训也是如此，我们可以不成为优秀的“他”，但不可以不变成优秀的自己。要让更多老师走出去，走上舞台。只有走出去，走上舞台，教师才会变得主动，才能发现自己。“叫我干什么都行，就是不要让我写材料。”这是分管宣传的同志对我说的一句话。我了解了一下情况，发现有两个原因：一是没什么内容可写，需要写的人“自由想象”；一是写的人少，什么材料都是那一两个人写。两年后，我再也没听到过这样的话，而且我县教师在省级及以上专业报刊上正式发表文章（不含评职称文章等）过百篇，出版文集十余本，另外，还有叶华明老师的个人诗集一本、陈彩虹老师的教育随笔两本……这让更多教师享受到专业成长带来的职业尊严和快乐，同时也唤起了教师对专业的更高追求。

“游园丽老师的课大气、从容；汪美琴老师的课紧凑、连贯；杨依老师的课很有亲和力……”这是江西省小学语文教学研究会秘书长、省教研室小学语文教研员徐承芸老师在参加第九届小学“语文主题学习”观摩研讨会（华东区）时对我县三位参加展示课活动的老师的评价。近两年来，我县教师参加市级各项比赛都获得了不俗的成绩，而且多次代表市里参加全省比赛并且多次获得一等奖。还有很多校长、老师、教研员去外省市的兄弟单位进行交流。这些大大激发了教师学习专业的热情，提升了教师的职业认同感和归属感，缓解了教师的职业倦怠。

有希望就有动力，有风景就会行走。让教师单一的追求多样化，让他们不再一眼就看到终点，让他们知道前方还有更好的风景并且不是他们一个人在行走，这样，教师的职业倦怠或许就不会来得比较早、比较急。

把教研工作变成一线教师的恋人

我县提出了弋阳教育发展的三个奋斗目标——“让弋阳的孩子在弋阳享受良好的教育”、“让弋阳的教育走上专业化发展的道路”、“让弋阳的教育成为弋阳人的骄傲”。要实现这三个目标，就必须做好教研工作。然而，让教研工作落到实处、产生实效却是一个难题，一直困扰着我。我常常想：“关键点在哪里？我们到底该怎样做？”

有一次，在上班途中，我看见两个人在争吵，其中一人大声说：“你凭什么管我？我和你有什么关系？”另一人竟无言以对。突然，我的思路打开了。是的，决定教研工作实效的是教研工作和一线教师的关系，而不是他们单方面做了多少工作。如果教研工作和一线教学始终是双线并行，那么就很难发挥它们的最大效益。因此，有必要重新确立教研工作和一线教师之间的关系。

他们之间到底应该是什么关系？从教研工作“研究、指导、服务”的职能来看，他们之间应该是朋友关系。目前，他们若即若离，在交往中各取所需，难以形成合力。他们只是普通朋友，还没有发展成为可以交心、可以信赖的好朋友。这当然远远不够。我的梦想是让他们之间的关系更进一步，不但要由普通朋友变成好朋友，而且要由好朋友发展成亲密无间、朝夕相伴的恋人。

由朋友到恋人不仅是名称的变化，更是两者关系的质的飞跃。恋人往往情投意合，不分你我，紧密相连。成为恋人后，教研工作就会成为一线教师工作、生活难以割舍的一部分，它也会因为紧紧贴近一线教师而变得滋润、丰实、有力。

不过，由朋友发展成恋人可不是一件简单的事，这需要经营，更需要双方持续努力，而且在这个过程中，教研工作需要保持主动，做好以下几点。

一、拉近距离，帮助教师解决困惑

教研工作最主要的功能是服务，所以它要到一线教师中去，切实帮助他们排忧解难。一线教师都有哪些困惑呢？我认为主要有从业困惑、交流困惑和课程困惑。

从事教师职业不容易，坚守清贫和责任不容易，做好教师职业就更不容易。因此，教研工作要培养一线教师正确的教学观、教师观，将教师的职责、使命，以及教师岗位的苦与乐展现给教师，排解他们的从业困惑和压力，帮助他们树立职业操守、责任感和荣誉感，走出职业倦怠。

交流是正常开展教学工作的前提。教师专业化要求教师要有与学生、与家长进行良好沟通、交流的能力，要让学生和家长在沟通、交流中认可教师的教学，进而认可教师。教研工作要帮助教师获取交流的能力，让他们不仅有“腹有诗书气自华”的内秀，更有“指点江山，激扬文字”的开朗与乐观。这将是新时期教研工作的重中之重。

学科教学对教师的课程能力和素养要求一直都很高。课程能力包括系统而全面的学科专业理论和实践知识、较高水平的学科专业判断和决策能力。过去，教研工作的重心是学科专业理论和实践知识，然而，真正困扰教师的是如何依托学科专业理论和实践知识，对学科教学做科学、准确的专业判断和决策，教研工作要在这个方面给予教师更多引领和支撑。

帮助教师解决困惑，拉近教研工作与一线教师之间的心理距离，让他们接受、认可、喜爱教研工作，是教研工作和一线教师关系发展中至关重要的第一步。

二、增进情感，让教师尝到甜头

教研工作的开展通常有三条途径——教研理念的传递与培训、教学手段（方式）的指导与传授、教研效果的考核与分析。这三条途径可以生发出若干条主题、无数个方案。不过，三条途径的落脚点都是课堂，所以最终必须回到课堂教学上来，回到课堂的两大主体——学生和教师上来。而学生的问题归根结底通常都是教师的问题，所以，教研工作旨在培养教师、帮助教师、提升教师。

要达到这个目标，首先就要让教师尝到教研工作的甜头。比如，通过教研工作，教师的专业素质提升了，取得了更好的教学效果、教学成绩。而要让教师尝到甜头，就必须遵循一个原则，那就是所有教研工作必须做到有实效、能实战、真实在。

“有实效”是前提。要通过教研工作让每一位教师都能做好教师。好教师有扎实的学科素养，能掌控学情、驾驭课堂。“有实效”意味着拒绝浮华、繁复，意味着能够通过一次次教研工作，一点点解决现实的教学问题，引领教师一步步向前走。

“能实战”是关键。一线教师面对的是教学现实，而教学现实并没有多少理想化的浪漫，却有无法逃避的激烈的教学竞争。教研工作要以能实战作为所有工作的出发点。因为一线教师要靠实战赢得学校的认可、学生的尊重、家长的满意。“能实战”是指能应对考试，让教师轻松应对考试的压力；能规范课堂，让课堂简洁、高效，让教师教得轻松，让学生学得快乐；能应对变化，让教师面对教学变革、面对复杂多变的教学现实，做到心中有底，手中有法。

“真实在”是本分。教研工作是教育理论转化为教育实践的桥梁。教研人员要不做教育理论空洞的传播者，而是努力让理论贴近实践；不做狭隘的实践者，而是努力让实践符合教育规律。教研工作的“实在”是指和教师站在一起，指导甚至牵引他们在教育教学这条路上走得更稳健、更踏实、更长远。

教研工作能够带给教师实实在在的实惠，就具备了继续和教师发展关系的情感基础和物质基础。

三、相伴相依，唤醒教师内心的梦

内因是变化的基础，外因是变化的条件，外因通过内因起作用。教师培训、主题研讨、课例研究、命题交流、优质课竞赛、论文写作等教研方式都很重要，但却不是教师专业化成长的决定因素。教研工作的最高境界是唤醒教师内心的梦。有梦，教师才会有对梦的追求，才会有前进的不竭动力。

这个梦是教研的梦。教师前行的方向是什么？是教研。只有教研才能让教师明确方向、减少盲动、提高效率，在科学化的道路上感受教学的快乐与美。

这个梦是自我发展的梦。每个人都有自我发展、自我价值实现的梦想，而梦想能让人摆脱平庸，追求卓越。

这个梦是教研工作和一线教师共同织起的梦。教研人员和一线教师应相互了解，相互帮助，相互成就，梦里有他们共同的理想与追求。

我有一个教研梦，一个并不遥远、很现实的梦。在我的梦里，教研工作和一线教师是亲密的“恋人”，他们相依相偎，情意浓浓，患难与共。我相信，有朝一日他们一定能够支撑起、经营好一个温馨而充满希望的教育教学的家。

课堂从什么时候开始

课堂从什么时候开始，有人说从老师备课开始，有人说从老师走进课堂开始，有人说从上课开始……

课堂从良好的师生关系开始。“教育学其实是关系学”，这是李希贵校长很早以前的一个观点，这个观点让我们明白了教育是双向的，教育是情感交流，教育是动态的，教育功能是因人而定的……

课堂从师生相互接纳开始。教育是教与学的双向活动，而教与学的背后都是人。其实，教与学就是师生相互信任、相互认可的交流活动。“亲其师，信其道”，是对这一观点的最好诠释。

教师喜欢学生，就会关注学生，帮助学生。教师没有选择学生的机会，教师对学生的喜欢完全来自职业的需求和内心的善意。教师首先要接纳学生。然后，教师的教才真正开始。

学生往往非常情绪化，他们并没有比肩成人的责任意识，也缺少自我管理的能力，家长和教师人生导师式的教育对孩子影响不大，对低年级的孩子尤其如此。孩子的情绪其实是学习效果的重要前提和基础，而影响孩子情绪的因素很多，对教师认可与否、喜欢与否是一个重要因素。现实中常常有孩子因为喜欢某位教师而对某个学科学习感兴趣，甚至对所有学科学习发生兴趣；同样，也有些孩子因为对某位教师不认可而对某个学科甚至所有学科的学习都不感兴趣。

课堂从师生平等交流开始。平等的关系来自客观的定位，教师与学生的定位不应是教与学，而应是共同成长、互相帮助。传统意义上的教是指传授。传授的核心要义是告诉、告知，是由知者流向未知者。这包含了师为尊、师为上、师为权威的定位和学为诚、学为下、学为谦卑的定位。其实，教师在教学过程中也会自我成长、自我完善、自我提高。教师应与学生一起建立互学、互帮、互促的教学氛围。教师的主导作用是提出学习要求。

有了准确的师生定位，就会有健康的师生关系。在健康的师生关系下才会出现师生的平等交流——教师不会因学高而傲慢，学生不会因才疏而卑微。健康的师生关系会营造平和、平等的教学环境。在这样的环境下才可能出现教师真教、乐教和学生真学、乐学的课堂。

课堂从师生有共同愿景开始。课堂存在的价值在于师生要构建共同的课堂愿景，这个愿景是教与学的基础，也是课堂开始的理由。师生共同的愿景就是师生对课堂的期待。愿景应回到教育的原点。教育的原点首先应是对学生成长需求的回应；其次应是以学生原有的认知为基础的评价；再次应是课堂回归学生生命与生活中较为清晰的目标；最后应是愿景隐身于每堂课上具体的活动和项目中。

师生共同的愿景展示在师生面前的应是有温度且柔顺的师生行为，而不是空洞、悬浮的人生大目标和大理想。应让师生在日常生活中，在有意无意中，在一步步完成小事、小目标中，体验幸福与快乐。

课堂从师生有共同兴趣开始。课堂上不仅有要求、有规范、有目标，还应该有味道、有好奇、有怀疑。可现在的课堂，对教师来说是工作，对学生来说是任务，枯燥、程式化、无奈替代了原本应该有的灵动、有趣、探究、争论、好奇和美妙。

没有趣味的事谁都难以长期坚持，教师如此，学生也如此。综观优秀教师，他们的优秀各不相同，但有一点是相同的，那就是他们都很乐意和学生待在一起——一起上课、一起交流、一起活动，因为他们觉得与孩子们在一起是有趣的事，是高兴和快乐的事。同样，愿意在学校待着的孩子，也是觉得待在班里特别有趣、特别高兴，觉得和同学、老师待在一起是件幸福的事。这样的孩子在学习中找到了乐趣，尝到了甜头，想学习不好都难。

课堂不仅是空间和时间意义上的，更是师生精神意义上的。有时虽然师生在上课，但课堂或许还没有开始，因为有的课堂仅仅是时间和空间意义上的，师生的教与学并没有真正开始。

是课堂改革还是改变课堂?

围绕教育改革的话题永远会吸引大众的眼球。教育是一项涉及千家万户的民生工程，改革又是当今最为活跃的话题，所以教育改革被广泛关注也在情理之中。

从课程改革到课堂改革，从考试改革到教材改革，其中课堂改革覆盖面最广，参与人数最多，影响最大。课堂改革形式多样，模式众多。综观全国基础教育课堂改革，江苏洋思中学的“先学后教”和山东杜郎口中学的“三三六”模式最是声势浩大。全国各地去洋思中学和杜郎口中学参观、学习的学校可以说是前赴后继。但是，至今为止没有一所学校学有所成。其实，客观上说，洋思中学和杜郎口中学的课堂改革是取得了一定成效的，尤其是对他们本身提高课堂效率、提高教师的教学水平、提高教学质量发挥了很大作用。这两所学校的校长结合本校实际寻找符合他们校情的课堂改革，体现了他们的教育情怀与教育智慧。至于这两所学校的课堂改革能否移植到其他学校、能否进行模式化推广，则是另一回事了。

为什么当时会有那么多学校（包括我和我所在区域内的一些学校）前往洋思中学和杜郎口中学去学习呢？简单地说有以下三个原因：媒体造势式地推介和跟风、对理想教育的期盼和急功近利的心态、大多数教育者对教育理解的偏差和浮浅。因此，就会出现盲目崇拜和追捧。这暴露了我们对教育的无知与片面理解。我们总想找到一劳永逸、万试皆灵的公式化教育方法，以及伸手拿来即可套用在自己身上的妙方。其实，这是我们对教育的错误认识。方法可以借鉴，但不能照搬；经验可以分享，但不可替代；路径可以嫁接，但不可移植。教育的魅力在于同一个人用同一种方法对不同的人进行教育，其结果不同；甚至同一个人用同一种方法但使用不同的语气对同一个人进行教育，其效果也不同。这就是教育，充满变化，受很多因素影响。

由此看来，顶礼膜拜式的移植效果就可想而知了。大家去洋思中学和杜郎口中学学习，与其说是去学习他们的课堂改革，不如说是去学习他们改变后的课堂。我没有深入这两所学校学习、调研，所以并不知道他们的改革初衷、改革历程、改革路径。但我可以判断他们的课堂展示只是他们改革的一个环节，而去学习的我们却误认为这就是他们改革的全部。我们的学习看似注重教学的主阵地——课堂，实际上重形式而轻逻辑。有人会说，我们听了他们的报告，看了他们的备课，甚至在那儿待了好几天揣摩他们的管理。的确，这样的学习算比较认真，甚至可以说比较深入，但我们看到的确实是人家改革后的情况。

改变课堂是从课堂结构、课堂内容、课堂形式的角度来思考课堂。这种改变是就课堂而论课堂的改革，或者说是教师如何认识课堂的改革。改变课堂是基于课堂效率的、结构性的，这种改变是想以课堂形式和课堂内容的变化来提高课堂效率。

课堂改革是基于对课程的理解、对影响教学效果相关因素的分析，思考和寻找课堂教学的路径。课堂改革更应注重课程框架下教师教与学生学的内在关系，更应关注课堂上师生多维度教与学的需求。

课堂改革是在教育改革大背景下对教育的终极目标进行思考，是把课堂作为教育改革的落脚点来思考课堂所需要的相关元素的综合性改革，可以说表现在课堂上，用力在课外。比如，教育目标、教师专业素养、教育评价、教育生态建设等，都是课堂改革的内容。原来的课堂改革只关注课堂的具体变化，即对课堂内容、课堂结构、课堂形式的改变，没有涉及课程、组织、评价、教师、目标等方面的改革。课堂改变是课堂改革的展示，然而，不能就改变而改变，应该借改变而改革，以收到课堂改革“牵一发而动全身”的效果。我们既要聚焦课堂，又要透过课堂关注课堂之外的东西，使课堂改变有实效，让课堂真正成为教学改革的主阵地。

课堂上不规整的可爱

“人在中间，人在现场，这才是教育。”新学校（北京）教育研究院副院长的话深刻地印在我的脑海里。教育不就是教人做人、教人做事吗？只有心中有人，时时事事有人，我们的教育才有意义和价值。

2015 年 5 月，在第九届小学“语文主题学习”观摩研讨会（华东区）上，我聆听了深圳市福田区上沙小学教导主任、语文教师王涛的一堂五年级作文课——“写一个熟悉的人”，短短 40 分钟，给了我不一样的感觉。

你的主场你做主

因为是在异地上课，师生不熟悉，又有近 500 名老师听课，所以学生很紧张。课前有 8 分钟的“预热”时间。“同学们，我们是第几次见面哪？”王老师问道。“第一次，老师。”孩子们齐声回答。

“你们觉得老师是一个什么样的人？”“老师是个胖乎乎的小胖子。”有些孩子害羞地小声说道。“哎呀！你们太厉害了，你们正在‘百度’老师的情况啊？”王老师高兴地说道。听到此话，孩子们一下子放松了。

“如果同学们刚才声音大一点儿就更好了，同学们刚才是从外貌来描写老师，但这就是老师的全部吗？”

“可以从老师的态度来描写老师。”一个学生说。

“还可以从老师的表情来描述老师。”另一个学生说。

…………

“同学们，老师是来帮助你们的。课堂是你们的，你们才是课堂的主人。孩子，你的主场你做主。”王老师推了推鼻梁上的眼镜对孩子们说。

让谁拥有教育，谁就是教育的主人。课堂上的一切都是为了孩子，孩子自然就是课堂的“主人”。但要真正落实这一点却是有难度的。然而，王涛老师却举重若轻地完成了。

不需要整齐的掌声和笔直的坐姿

课在不经意中进行着，但好似又是经意的。当王老师发现学生的闪光点时，就让学生们鼓掌祝贺。“同学们，你们鼓掌这么齐、这么有节奏，平时也是这样的吗?”听到学生的掌声后王老师问道。得到确认后，王老师告诉学生：“同学们，课堂是让我们享受的——享受学习带来的快乐，享受学习中的质疑，享受学习中的团队合作。这些都需要我们足够放松，需要我们按自己的意愿（当然我们不能随意或者搞破坏）行动。请大家随意鼓掌。”在王老师的引导和鼓励下，学生的掌声不齐了、不统一了，他们放松了。

学生参与的课堂才是有效的课堂，但学生的课堂参与应该基于他们对课堂深刻的理解，而这种理解来自孩子们真正感受到课堂的轻松、快乐时的内在体验。

孩子们一直挺直腰板坐着。“同学们，你们这么认真地坐着，累不累呀?”王涛老师摸着一个孩子的肩膀问道。“我知道，你们是因为老师是从外地来的，而且有这么多老师听课，想表示对老师的尊重。”王老师说，“老师被同学们尊重别人的心态和认识感动了，相信听课的老师也有这种感受。老师给你们一些建议，如果累了，可以放松一下，也可以在不影响别人和自己学习的情形下稍微动一动，因为大家一天要上好几节课，坐得笔直时间长了会很疲劳的。”

有时，我们对学生的要求是否过高，是否有必要？我们的要求究竟是为了什么？显然，是为了维护课堂纪律。那么，我们需要怎样的课堂纪律和课堂秩序呢？为什么需要这样的课堂纪律和课堂秩序呢？作为老师，我们是否考虑过我们提出要求时孩子们是怎么想的？他们愿意吗？他们能做到吗？他们即使能做到又会有什么效果？老师往往担心孩子们的“不良举动”会影响教学效果，这一担忧是正常的，但方法值得商榷。而王老师对学生掌声与坐姿的观察和关心，表明了他对课堂独特的理解。他不仅关注学生的学习习惯、学习兴趣、学习思维，而且关注他们的感受。

孩子，笑出来

有一名女生回答问题后王老师叫她坐下：“回答得很好！如果你能笑着回答问题就更好了。”

“你不知道，看到孩子们紧张、严肃时，我着急得很。”王老师课后和我交流时说，“课堂上师生本应该轻松、愉悦、坦诚地交流，这种交流有共同目标，但允许有不同路径、不同方式。而我们的许多课过于注重学生学习的行为、方式和策略，而忽视了学生用自己的方式寻找目标时的痛苦、艰辛、欢乐、质疑等学习体验。这种体验的过程正是学生学习思维训练的过程，是学习之根、学习之魂。”

王老师的课留给我的是什么呢？是王老师对学生的关注，他通过孩子的举动走进孩子的内心，感受孩子的情绪，体验孩子的感受，并调整自己的教学，调整自己的关注点，调整自己对文本的理解、对孩子的理解，最后实现对课堂的理解、对教育的理解。老师不能仅仅考虑自己希望教给学生什么，更要时时思考学生需要什么。只有了解学生，才能了解教育。

（原载 2015 年第 11 期《教师博览·原创版》，略有改动）

有闹未必真互动

作为教育管理者，我们会发现，在参与和体验课堂成为常态时，走进“新课堂”已经很难听到静悄悄的课了，甚至也难听到“一言堂”的课了。因为静悄悄、一言堂的课不仅不合时宜，还会被贴上“传统课”、“课堂没有体现学生的主体作用”等标签。所以，课堂上热热闹闹似乎就顺理成章了。

“新课堂”互动是教与学有效结合的体现，是评价课堂有效性的关键指标，也是优质课、教改课的必然要求。

课堂互动可以让课堂闹起来。交流是学习的主要方式之一，它能让人了解教与学的状态、教与学的态度、教与学的程度、教与学的路径。语言是交流的主要形式，教师可以通过语言表达教的内容、教的要求、教的思路，学生则可以通过语言表达学的状态、学的困惑、学的思考，这能让教与学互动、互补、互助。

学生积极发言、分组讨论、师生对话、质疑反思，都是课堂互动的方式。互动可以激发学生的学习兴趣，提升学生的学习热情，促进学生的思维发展，增强学生的思辨意识，补充学生的思考方式与方向等，有利于学生学习能力的提高。人们主张学生积极参与课堂，有序、有目的地进行师生交流，让教师从讲台走向平台，由导演、演员变为导演、演员和观众；让学生从观众席走向平台，从观众、学徒变成导演、演员和观众。

当然，课堂互动也可以让课堂静下来。师生互动除语言交流外，还有思维互动、理性思考。有些课程、内容需要静下来倾听，静下来思索，静下来消化与体悟。教师应根据课堂内容和教学目标，设定教学策略与路径，而教学策略与路径应该服务于课堂内容和教学目标。安安静静的课堂并不表示没有师生互动。在电影院里看电影、在剧院里看戏、一个人听音乐或看书时，虽然没有语言对话，没有讨论、争执，但人们可能在全神贯注地与电影、戏剧、音乐和书本进行对话、讨论或者“争执”。课堂也是如此。

课堂互动可以多样化。课堂互动的目的是让师生处于课堂情境与情绪、思维与内容之中。闹可以是互动，静也可以是互动，闹中取静、静中有闹也都是互动。闹、静只不过是课堂的外显形式，绝不是课堂的要点。我们不能用以形代神的表象思维来认识课堂、认识互动。我们要从课堂应该是闹还是静的讨论中走出来，走向课堂为什么要闹、为什么要静的讨论，并进行课堂应该如何闹、如何静的研究。只有知道闹与静背后的故事，才能把握什么样的课堂应该闹、闹到什么程度、怎么闹，也才能知道什么样的课堂应该静、静到什么程度、怎么静。

课堂上如此，生活中也是如此。这不仅需要教师深思，也需要教育管理者深入研究。

（原载 2016 年 2 月 24 日《中国教师报》，略有改动）

第三辑 怎样对待孩子

课堂上坐姿笔直（学生难以长时间保持）、举手“标准化”，运动会上做观众的学生定位、定服装，文艺演出时鼓掌有要求，课间操进退场时间精确到秒，等等，这些要求是否必要？将要求变成在公共场合的与人相处之道，应该更有意义。

理发师的教育经

“家长把孩子放在我这里，我就应该让家长放心，让家长看到孩子的进步和变化。只有把孩子教好了，家长才会相信我、相信孩子。只有孩子得到认可了，孩子才会自信，才能找到自己的舞台。有舞台的人才能成就自己的梦想和辉煌……”这好像是校长或教师在谈教育，但说话的人既不是校长，也不是教师，而是一家理发店的店长。

这个店是我的一个学生开的。初中毕业后，他学了两年理发手艺，便来到县城开了一家理发店。只短短几年时间，他的理发店就成为县城里最大、最有品质的理发店，而且还开了几家分店。前些日子，这个学生打电话给我，说要开个企业年会，与我谈了他的想法，想听听我的建议，并邀请我出席。可惜，我出差在外，只能在电话里与他交流几句。年会结束后的第二天晚上，我去他的理发店剪头发，想顺便听听他们年会的效果。不巧，他却外出开会了。

店长热情地接待了我，告诉了我年会的一些情况，并且说了前面那段话。我很惊讶：“你们理发店，难道还要负责孩子的教育吗?”店长看到我一脸惊奇，解释说：“方老师，你知道来我们理发店里做学徒的、打工的，都是些怎样的孩子吗?”说实在的，我的确没有做过这方面的调查。

店长说起了他自己的故事。小时候由于家境不好，父母为了生计不得已长年在外打工，很少关心他的教育。由于学习成绩不好，他便不愿意继续上学。但不上学，又能干什么呢？无非四处瞎逛或去游戏室。后来，他学了理发，再后来跟我的学生一起创业，如今他已经为人父、为人师。

“方老师，我真的不想让他们和我当年一样。”

看着店长腼腆的表情，我除了点头，只剩下深思。也许他觉得自己不该或不配说这句话，但我认为他才是真正配说这句话的人，因为他本没有责任要如此尽心去教育这些打工的孩子，而他却有这样一份心。

“这次年会最大的成功就是孩子们感动了家长。有很多家长第一次看到自己的孩子这么懂事，再也不觉得孩子没用了。孩子们也是第一次在父母面前挺直了腰杆，自信而真实地向父母展示他们的内心。”店长沉浸在喜悦与收获中。

是啊，对“后进生”来说，还有什么比敢于真诚而轻松地面对父母更重要呢？这些孩子长年在父母、老师的“要求”和“教育”下生活，从来都没有被他们真正认可过。许多学校没有做到、许多父母也没有做到的，一个平凡而不起眼的理发店却做到了。

“你们是怎么想到把‘感动’作为今年年会主题的呢？”我问。

“其实，我们的主题不是感动。”

“那是什么？”

“是希望！”店长答道。

“我们当初之所以四处瞎逛或者去游戏室，就是因为认为自己没有什么希望了。”店长的语气低沉下来。我透过镜子，看到他的眼神中掠过一丝伤感。

“后来我们发现店里那些工作‘溜号’的员工，他们时常会感到自己做这一行没有希望。既然是因为没有希望才让他们感到无助、迷茫，那我们为什么不想办法让他们都看见希望呢？”他的语气非常坚定，我不由得默默赞赏。

“方老师，你没发现我们的店里贴了员工的介绍，每位员工都有不同的称呼吗？”

我环视打理得井井有条的理发店，干净的墙上挂着员工们稚嫩而又帅气的相片与简介。有“创意师”，有“总监”，有“人气王”，有“环保卫士”，有“开心门童”……

“我们要让每个岗位都变成舞台，每个员工都是这个舞台的主人、主角。顾客是我们的观众和评委，他们根据员工的服务把‘开心’、‘加油’、‘满意’、‘惊喜’投给不同员工，我们则通过这些评价来分析原因，只肯定，不指责；只分享，不画线……”

“嗯……”我听着，心里忽然感觉有一丝惭愧。

我们的学校在教育中不断地教孩子们该怎么做、不该怎么做，给他们制定了无数条条框框，却很少让他们看到希望。这些条条框框只是我们成人的要求，孩子们自己并不认可，因为他们是被动的、无奈的。只有孩子们自己认可、快乐参与的教育，才是他们喜爱的教育，也才是真正的教育。

（原载 2016 年第 3 期《教师博览·原创版》，略有改动）

一幅“脏”画

挚友因为爱好画画，而且要教自己的孩子，所以一直坚持利用周末教学龄前孩子画画，这一坚持就是十五年。来学画画的孩子不算多，多的时候三十个左右，少的时候十几个，收费挺“平民”，外界评价褒贬不一。身边一些培训机构都后来居上（指的是规模和社会知名度）。按理说，他是这个区域教孩子画画的“师爷”，应该做得更好才对，不知是什么原因，一次闲聊时我问起来。

“大多数家长让孩子去画室学画，觉得最大的成就是，孩子原来拿不好笔，现在会了；原来线画不直，现在画直了。更让他们高兴的是孩子能画一幅完整的画了，最好是能拿出去参加某某比赛，获得某某奖，悬挂在某某地方。至于是怎么画的、为什么画这个、孩子想的和笔下画的是否一样……家长就不关心了。”他如是对我说。

“那你是怎么教孩子画画的呢?”我好奇地问道。

“其实，画画如同语言、文字、音乐等那样，是把每个人内心对外界的看法用画表现出来。”他说，“你看到画，看到的可能只是形、色、人、景，但有人却能通过这些形、色、人、景想起生活中的某个片段或故事，或者引起联想和想象。孩子也是这样，他们有他们的认知。大人其实不懂孩子，还拼命让孩子以成人的思维和视角去看山、看水、看天、看世界，这是很残忍的。”

朋友看了看我，喝了口白开水接着说：“我和孩子们在一起是玩，通过笔、纸、墨一起玩。刚开始我给他们笔和纸，让他们在纸上画，只要求能画出痕迹、画出颜色，无论直的、弯的都行，让每个孩子都有成就感（能在纸上有印记了）。至于孩子怎么拿笔、怎样画直线我一概不教不管。画着画着，孩子们就和同伴交流，问题就出来了，他们会发现每个人拿笔的方式不一样，和我的也不一样。他们会商量，也会争论甚至争吵，各说各的好，然后自然就来问我。”朋友得意地看着我，眼中闪烁着自豪。“我就会问他们为什么要这么握笔，他们会说出各种理由（绝大多数都是啼笑皆非的），我也会说我拿笔的理由……就这样让他们学会握笔。”

“你这样做效率不是很低吗？也挺麻烦的，不如一开始就教他们怎么拿笔。”我说道。

“你说的也是一种方法，但我不喜欢，我相信孩子们也不喜欢。因为那样做的话我们就没有给孩子们尝试和选择，这样一来，他们的需要就不是他们自己的，而是我们认为他们应该具有的。这样固然能够教会孩子们握笔，但他们却无法经历从不会到会的茫然与困惑、寻找与探究。怎么握笔不是目的，知道为什么要这样握笔才是目的。孩子们应该有不会握笔或握错笔的经历，应该有对怎么握笔和为什么要这样握笔的体验式的认识与理解，而这正是他们成长过程中最宝贵的经历。”

“你说，假如你教孩子画画，你会怎么教？”朋友狡诈地问我。

“我不懂美术，说不上。”我答道。

“你以其他学科的教学经验设想一下。”朋友封掉我的退路，非让我走进他设下的“陷阱”不可。

“应该是先学素描再学色彩，先画线条再画形状，先临摹再写生吧！”我根据自己对美术基础的了解，再结合先易后难的学习顺序说出自己的看法。

“这是美术课程设计的基本构架。”他说。

“这么说我还有点儿悟性，那你是怎么教的呢？”似乎找到点儿感觉的我再次问到这个话题。

“孩子画画首先是因为好奇，好奇自己能画出不同的画。其次是出于自豪，自豪自己能画出独一无二的画。最后是展示，展示自己脑海中的人、景、物、色彩、形状。这种展示是没有标准的。比如，即使他要画的东西有实物，他也不以真实物体的形、色为准，而是以自己的想象和理解再造实物。这就是孩子。孩子的画是最有个性、最有故事、最大胆、最随性、最有艺术性的，也是最难读懂的。所以，与其说教孩子画画，不如说与孩子一起画画是了解孩子内心和思维的最好途径。”看着他沉思，我知道他正沉浸在孩子的世界里。他看到了孩子的多姿多彩、自由自在遐想而快乐的内心世界，可又有多少家长和老师能够看到、能够享受到这份快乐呢？

“我和孩子们画画从讲故事开始，听完故事后，让他们讲故事中的人、物、景、色彩和形状，然后让他们挑选出最喜欢的人、物、景，用笔把它们画出来。从简单的路、草、云、太阳、月亮等开始，一步一步增加故事里的人、物、景、形和色。你真的想象不出孩子们有多么丰富的想象力！每次我都会拿着孩子们的画问他们这是什么，为什么是这样的形状、这样的颜色、在这个位置，等等。孩子们都会告诉我这是为什么、那是为什么。我觉得他们说得蛮有道理。原本让成人百思不解的各种黑白不分的怪事，其实孩子们都有自己的理由和想法。每个人的世界其实都是不一样的，我们成人是用世俗的思维在思考，而孩子们则不是这样。下次你看到黑太阳、红鼻子、竖眼睛、两个嘴巴、河水往高处流、火车没有轮子、苹果长在地上等匪夷所思的画面时，请你不要嘲笑他们，也不要去帮助与教育他们，因为这不仅仅是画，而且里面有故事，有他们的梦想和创造。这就是我的画室，这就是我与孩子一起玩画十五年的经历。所以，我的家长很难从孩子的画里找到一幅他们认为干净、完整、规范的作品，因为画是孩子们内心世界的表达，是孩子们个性化的表现，是孩子们看人、看事、看物、看景、看世界的视野展现，我们谁都不能替代他们。”朋友说完他和孩子们画画的故事，如释重负地坐在椅子上看着我。

听完朋友的故事，我想到那些从握笔、素描、临摹甚至描红开始学画画的孩子，他们是在学画画，还是在学画画的技术和技能呢？我又不由得想起教育，其实很多时候，我们没有耐心去倾听孩子们的想法与思考。那些拿着一幅幅漂亮画的家长和老师，你们是想让孩子学到画画的技术，还是想让孩子学会用画画表达自己的想法呢？“我的画室里的孩子画的画真的不怎么规整，也拿不出相同的一幅画，甚至他们画的是一幅脏画，怪不得有些家长不喜欢。”分别前朋友害羞地说着这句话。

好一幅“脏”画，好一幅久违了的“脏”画！真的希望能看到更多孩子有幸画上这么一幅“脏”画。

掠夺式教育何时休

教育的关键在于给学生提供“变化”的可能，但我们现在的教育都希望给学生一个归宿，而且想给所有学生一个“一样成功的归宿”。这样的教育肯定会走进死胡同，因为无论学生有什么兴趣、有什么需求，它都要求他们走同一条路，达到同一目标，甚至变成同一类型的“人才”。因为教育评价只关注结果，而不考虑学生的兴趣和能力以及学校的客观条件，于是“掠夺”就“悄无声息”地走进“战火纷飞”的教育。校与校之间、班与班之间、家与家之间、师与师之间、生与生之间都在上演竞争与比拼。

家长为了让孩子变“优秀”，进行形形色色拔苗助长的掠夺式教育。从胎教音乐、居住环境、交流、锻炼到饮食起居，无不为胎儿生长提供各种“最佳”条件。胎教对胎儿的发育、成长的确有积极作用，但有些家庭过分强调胎教的作用，尤其是过于强调早期教育对人一生的“绝对”作用，这是值得警惕的。让孩子过早涉足各种“有用知识和技能”的训练，却忽视孩子的基本认知规律和年龄、生理特征。我们不能简单地认为“早和多”就是对孩子的优质教育。其实，孩子在形、色、远、近、语言、数字等方面都有“最佳发展区”，不是越早越好，也不是越多越优。同样，不是好的、有用的东西都必须学，因为每个人的能力和兴趣都不一样。

过早、过多的精准化教育，不能给孩子带来多大帮助。因为这往往会在技的层面上让孩子得到提高，而付出的代价却是孩子失去好奇心、探寻的精神和灵性，使其缺乏学习的内在动力。其实，这是对孩子智力、注意力、兴趣以及学习态度的过度掠夺性开发，这种开发是不利于孩子健康、长久发展的。

当前家庭教育出现了两极分化现象，要么过分超前、精准；要么毫无教育意识，只注重孩子生理的成长，结果让孩子缺失了最佳启蒙教育。前者是掠夺，后者是荒废，这两者都是不可取的。

导致掠夺式家庭教育出现的原因主要有以下三点：一是家长心中拥有“没有最好，只有更好”的教育目标，二是家长怀有“早学早好，多学多好”的教育理念，三是家长认为教育就是服务孩子以后的竞争和选拔。这其实折射出家长内心的教育观——只要接受“成功”的教育，孩子就能到达成功的彼岸。殊不知，教育仅仅是孩子人生成长所需的“工具”，家长认为很重要的东西可能孩子终身都用不上。我们自以为是为孩子准备的“锦囊妙计”在孩子看来可能只不过是沉重的包袱和前行的障碍。人生不能预设，每个人对生活的理解是不同的。教育要帮助人获得能力而非技术；要帮助人从容淡定地面对未来和生活而非紧张、恐慌；要帮助人面对事物充满好奇与兴趣，而非简单按规则行事、按部就班地生活；要帮助人用知识、能力、技术服务他人，而不是让人成为知识、能力、技术的容器。

老师为了让学生变“优秀”，往往用挤压和增加难度的方法对学生进行掠夺式教育。老师在“培优”方面下了很多功夫，因为培养出“优生”是老师让学校、同事、家长、学生都信服的教育“能力”。老师要有效、快速地培养出“优生”，除了选择“学苗”外（因为老师可选择“学苗”的机会不够多、范围不够大），还要在以下两个方面下功夫：一是挖掘自身的潜力，进行提升能力、增长本领的自我培训；二是在学生身上下功夫，这又有两种情况——激发学生的学习动力和掠夺学生的资源，前者为教育，后者为“迫害”。

“迫害”式教育一般表现为挤压和增加难度。挤压是指让学生大量训练，过多关注训练量，较少思考训练的质和效，这样学生的学业负担就过重（不过，一定量的训练是学习必需的手段）。过重体现为不求质只求量，量过多，做很多无效训练。挤压还表现为把学科知识学习变为单一的考试训练，使原本内涵丰富的学科知识学习窄化和功利化，学习沦为考试的傀儡。挤压还表现为学生的兴趣被老师妖魔化，他们认为非考试所需的所有爱好、思考、行为都是异教徒。其实，学生的兴趣和奇思妙想原本可以与学科知识互相促进，但挤压式教育把它们残酷地剥夺了，学生成了没有叶子和花的光秃秃的“树干”，这样的树何时才能结果？

增加难度是老师“培优”的另一条途径。怎样才能在考试中取得高分呢？一是要细心和熟练运用基础知识，二是要学会难度高的知识。各项竞赛加分规定和自主招生也是增加难度的一大推手。为了取得高分，挤压负责解决基础知识问题，增加难度则负责解决难度高的知识问题。

有些学校为了成为名校，不惜在生源、师资和其他方面进行掠夺式占有。当下国内基础教育领域的名校，大致分为三类。

第一类是集中在大中城市的名校，包括各地高考名校和“教改”名校。这类名校校名不是某某几中，就是某某附小（中）。它有几个特征：一是办学历史悠久，有深厚的文化底蕴，曾经出过知名的校友和老师（校长）；二是拥有别的学校只能羡慕的师资和教学资源。由于长期处于金字塔塔尖，它们拥有选择优质生源的条件。

第二类是各省（除少数教育强省外）的高考巨无霸学校。这些学校每年的高考成绩都会给社会和广大家长带来强大的心理冲击。高考成绩是当前认可度最高的“教育成效”，高考成绩好的学校自然而然就被大众冠以“名校”头衔。这类“名校”有三个共同点：一是管理严格甚至精细化，对师生有近似统一的要求；二是有一支敬业、刻苦的教师队伍，还有一般学校所没有的教师引进能力；三是在一定范围（全市、全省甚至跨省）内选择优秀生源。这类“名校”往往采用现代工业生产流程并通过掠夺优质教师和优秀学生而形成。这类“名校”不是站在帮助老师成长、学生进步的立场上办学校、办教育，而是以不论过程，只管结果的功利和掠夺式竞争思维办学校、办教育。这样就让更多学生失去了成长的诸多“可能”。它的掠夺是灾难性的，使得区域教育生态不断“沙漠化”。学校本应是植物园或原始森林，里面本应有各种大小不同、高低不一的树木、花草、藤蔓，但它们被功利的竞技思维给扭曲了。扭曲又给区域教育带来畸形的竞争，让原本茂盛和温暖的教育变得荒芜、冰冷。这直接导致社会和家长对教育的失望，家长一方面追捧名校，一方面责难名校。学校其实也是长期处于疲于应对竞争、指责和不断攀升的指标的困境中，老师面对的都是数字（各项指标数），只能以数字为尺子丈量自己每天的工作，把原本灵动的师生教育生活过得毫无生气，日复一日地把教育变成没有弹性而僵硬的模具。在老师和家长们“光明人生前景”的引导下，学生只有潜心唯“分”是从。我们要从“要不要高考成绩”的争论中解脱出来，静下心来讨论“高考成绩是怎样取得的”。

第三类名校有的处于“贫穷”之地、山村之隅，有的出身名门但不甘做“平庸的富二代”，但这些学校都有“王侯将相，宁有种乎”之骨气并且不甘做只继承不发扬的“守业者”。于是，他们在师资并不优秀、生源并不均衡、条件并不具备、环境并不宽松的情况下深挖自身潜力，抓住国家教育改革的时机，多年来坚持全方位改革，取得了明显效益。这类名校一般备受部分专业人士和专业媒体的推崇，也受到诸多想改变而又没有良法的学校追捧，他们希望能找到打开阿里巴巴山洞的万能钥匙。原来积累的平常、真实的教育教学的感悟和方法，不知何时被“模式化”了，可能是为了便于学习者学习，也可能是为了便于介绍者总结、推广。无论何种原因，原本活生生的师生教育生活变得干涩，原本师生共同寻找的教育场景变成固化的“照片”。

教育没有奇迹，更不可能移植，模式终究会变成枷锁。探寻模式会让教育走向歧途，因为模式是固化的、僵硬的，没有生成性，而教育是灵动的、个性化的、不可预测的。有些这类名校也慢慢地、不由自主地开始了“教育思维和行为的掠夺”。掠夺让教育变得不知所措，当然这可能并不是这些名校的初衷。

造成掠夺式教育的根源是把教育当成渡船，坐船人想又快又省事地到达“成功”的彼岸，而开船人则希望降低成本、增加利益。掠夺式教育普遍存在，人人都十分痛恨，但又不知不觉陷入其中。面对现状，大多数人除了指责与抱怨外，没有多少办法，只能挣扎着生存。其实，只要坐船人别太着急，少些攀比，多给自己准备几个上岸的码头，最终人人就都能有属于自己的彼岸；开船人则要做到不超载、不抢道、不超速，无论客人远近，都不拒载。走自己的航道，拉自己的“客人”，提供必要的服务，不要求“乘客”都到同一个“码头”，这样，教育就不会有这么多“掠夺”，就能回归平静，真正帮助他人。

慢点儿又何妨

刚到701学校时正好是大课间时间，于是和校长一起站在操场边观看。大课间音乐响起时还可以看到一些学生陆陆续续来到操场上。

“下课后，有的学生会有一些事要处理，所以给他们一点儿时间。”校长解释说。

并不整齐的队伍，并不震撼的场景，和我们脑海中固定的课间活动场面相比较确实让人感觉有一丝失望。阅兵式的队列、整齐划一的集体活动，再加上“学校管理是否规范”、“学生行为习惯的养成教育是否到位”、“师生精神面貌是否积极向上”等“教育内涵”，因此课间活动成为许多学校展示教育教学成果的主推产品。人们对此已经习以为常，不再认真思考为什么要这样做，反而推动课间活动向程式化和规模化发展。大多数学校都在快、齐、直、特四个字上做文章。快是指下课后学生用最短的时间有秩序地到达指定地点；齐是指以班级为单位、以队列为单位、以校为单位动作整齐划一；直是指队伍从进场到出场都要做到横纵成一条直线；特是指校本活动项目带有新颖性和个性（说实在的，我在做班主任、德育主任、校长时就认为课间活动就应该这样，不是这样的学校就不是好学校）。

“是不是慢了点儿?”同去的同事问道。

“可能有些学生事情还没做好。”校长是位刚履责才三个月的新校长，他有点儿没把握地轻轻回答。

在座谈会上，我请大家谈谈新校长履责后他们的一些感受。因为校长是从本校产生的，大家谈得都比较轻松。不过，他们说的都是一些面上的工作，也提了一些建议。

“大课间是不是有点儿不一样?”同去的同事好似在回味刚才的场景，觉得不大对劲。

“可能是……”学校分管校长解释说。

什么样的课间活动是好的？这个问题再次跳进我的脑海中。“快、齐、直、特的课间操是好还是不好呢?”我不断地问自己。

课间活动到底是谁的活动？其实，我们只要给出这个问题的答案就行了。

如果是校长（学校管理）的，那么课间活动就应该符合管理的需求。规范、精细、评价是管理的左膀右臂，整齐划一、快速、集体展示就应该是活动的主要诉求。

如果是学生的，课间活动就应该以满足个人愿望为目的。快乐、个性化就应该是主旋律。

学校教育是以团体教育方式为主，然而团体活动容易产生个性与共性的冲突。在团体活动中，学校思考更多的是共性需求和管理需求，这样就会根据管理需要而评价活动优劣。如果只考虑个体学生的需求和喜好，那么在项目内容、活动场地、活动指导、活动安排及活动安全等方面就会存在困难。此时，一般学校都会重视管理需求而看轻甚至忽视学生个体的需求，于是展示给我们的课间活动多是“快、齐、直、特”式的。

找到既能满足学生个体需求又能符合团体活动需求的课间活动，是教育者应该思考并积极践行的。然而，现实中的教育者往往都会不自觉地从一个维度去考虑教育行为，要么以教育为名“放任”学生，使教育活动正常实施所需的基本条件得不到保障；要么把教育要求“放大”，甚至以管理替代教育。这两种现象在学校里是普遍存在的。前者往往是因为学校管理较为混乱、教师责任心不强，学校和教师无力也不愿意组织学生进行有效的教育教学活动。后者一般是因为学校管理比较严格、规范、教师责任心较强，学校和教师想规范有序地组织学生开展各项教育教学活动，但他们更关注如何开展，而淡化为什么要开展。这些活动呈现给我们的更多的是管理成效。其实，集体活动离不开基本要求，只要大家遵守基本要求，自然就会收到成效。学校教育有基本要求，但我们可否在管理和教育两个维度上来评判教育教学活动呢？比如上课、运动会进退场、文艺演出、课间操等活动，都必须有基本要求，否则无法有效、正常地开展，但我们的要求是否过于苛刻，是否过于严格，是否过高？

课堂上坐姿笔直（学生难以长时间保持）、举手“标准化”，运动会上做观众的学生定位、定服装，文艺演出时鼓掌有要求，课间操进退场时间精确到秒，等等，这些要求是否必要？将要求变成在公共场合的与人相处之道，应该更有意义。比如，在公共场合里，说话时要注意什么，要如何表达自己的观点；要有先来后到的意识，要有排队的习惯，要有等待的耐心；在集体活动中，要考虑同伴的感受，要有时间意识，不要拥挤……在教育实践中，学校要把教育所需的条件看成教育活动的保障，学生要遵守一定的规范，但规范不必过于严格，否则本末倒置，就会冲淡活动本身的价值和学生内心的需求。

谁快谁慢有时真的没有必要过于计较，只要让每个人心中装有一个对自己的言行进行提醒的闹钟即可。

（原载2016年第4期《教育家》，略有改动）

爱、慢、欲——教育的“三字经”

做教育，有时波澜不惊，有时犹如十面埋伏；有人看似闲庭信步，有人却身处惊涛骇浪之中。教育到底是何尊容？可谓众说纷纭。爱、慢、欲，是我的教育“三字经”。

教育是“爱”的事业

教育是“爱”的事业，这一点是毋庸置疑的。爱学生是老师的天职。老师爱学生不是指爱自己喜欢的学生、爱听话的学生，而是爱全部学生。老师没有选择学生的权利，所以爱学生是职业发展的必需。因此，老师要接纳不同个性的学生以及学生不同的个性，这对老师来说是艰难的、充满挑战的。老师要接纳学生，就需要从内心认可教师职业，内心认可是实现接纳的条件。课堂从良好的师生关系开始。这种关系指向情感，而情绪是情感的外显和表达。老师要学会管控自己的情绪。只有这样，才能让学生感受到老师的认可、接纳与爱，老师的爱也才有意义和价值。

如果接纳是爱的根系，那么帮助就是爱的枝、叶、果。只有接纳没有帮助的爱是只停在嘴上、挂在墙上、写在纸上的口号式的爱。我们要尽最大努力去帮助学生，只有通过帮助爱才能得到体现。

帮助学生什么？帮助学生变得更加完美。换句话说，正是因为学生有不足，老师才有教育机会。我们埋怨学生无知，是因为老师对学生的无知不接纳。如果从帮助学生的角度看待问题，学生的无知就会成为老师帮助学生的机遇，而正是这一机遇让我们的教育多了一些可能。

帮助不是塑造，而是引导、唤醒和激发。每个学生都是活生生的个体，老师应尽最大的可能去帮助学生，引导、唤醒、激发每个学生不断成长。

教育是慢的艺术

教育是慢的艺术。我们是让孩子接受“十八岁的教育”还是享受“八十岁的教育”？急功近利是教育的弊病，也是教育的死敌。当前教育的诸多问题就源于急功近利。如果从人终身成长的角度来看待教育，现在我们眼中的好多“重要”教育节点、教育要求或许就没那么重要了，它们充其量不过是阶段目标、单方面的要求而已。这样，老师、家长可能就会少些火烧眉毛或别无他路的焦虑。急带来的是快、焦、狭。快是指让孩子快速成长、快速成才、快速超越。焦是指老师、家长在教育过程中焦虑、恐惧。不知道孩子下次考试排名如何，不知道别人家的孩子如何努力，不知道孩子以后会如何，等等，种种焦虑、恐惧，不一而足。狭是指老师、家长做了许多打着“为了孩子将来”的旗帜，只顾现在不论将来的事。老师和家长只做自己认为有用和成功的事，其他事情则成为可有可无的赠品，于是教育就变成了功利性的选择。选择要什么、不要什么全凭老师和家长的主观判断，教育的整体性和人的完整性被肢解。

教育的慢在于要给“育”一些可能和后劲。教育最大的忌讳是一锤定音式、当场结算式的绩效观。评价、考核、舆论等无不为塑造名校、名师推波助澜，这迫使真正的教育让位于短平快式的教育。教育应该是顺势而为，而不是强势而为；教育应该是“长期投资”，而不应是“短期投资”。教育的真正价值好似给种子浇适量的水，施所需之肥，与阳光、雨露等自然力量一起帮助种子生长。我们要少用温室和催熟剂来“帮助”种子生长。教育要有“后味”，有“后味”的教育会给人的发展提供更多可能和后劲。它不一定能马上改变现状，但能给以后的教育一些留白、希望与念想。“慢”不仅是教育所需，更是一种人生态度和人生觉悟，需要用智慧与耐心去体悟。

教育是“欲”的体现

教育是让学生有“欲”。无“欲”则无力，无“欲”则无行，无“欲”则无趣。教育不是教诲，也不是给予，而是复杂而又充满创造性的个性化工作。教育是双向互动式的交流活动，不仅涉及教师的教，还涉及学生的学。只关注教的教育，注定是灌输式的教育，是单向的、主观的。这样的课堂多半是程式化的，自然也缺乏吸引力。只有教师走下讲台，才有学生走向乐园的可能。教育只有同时关注教与学，才能称为教育，教育的生命价值也才能得到体现。课堂从什么时候开始？从良好的师生关系开始。学习从什么时候开始？从好奇开始。好奇一贯被认为是儿童的专利，成人好奇则往往被人认为幼稚。其实，在人生各个阶段人都会好奇，只不过好奇的东西和表达好奇的方式不一样。不管多大年龄、不管有多少阅历，世界上总有值得人探究且希望了解的事情。正因为人有好奇，人生时时、处处才可能充满情趣。假如一个人对什么都不好奇，那么他的人生就难以想象。

学生的学习应从他律向自律转变，应从学他向共学再向自学转变，而这些转变的前提是学生有学习兴趣。由此可见，老师的教应包括对学生学习兴趣的激发和培养。激发学生的兴趣，就是培养学生的学习“欲”。有人说“欲”是罪恶之源，也有人说“欲”是开启社会进步之门的真正内驱力，我说“欲”和钱、权一样，本身是无罪的，即使出现了和它相关的罪恶，责任也在于拥有它的人。不同学生的“欲”是不同的，除了与他本身有关外，还与其家庭氛围、所接触的人和事有关。不过，孩子的“欲”是动态的、可变的，因此，就给教育留下了契机和可能。这个契机和可能正是教育的魅力和活力所在。教育者实施教育的前提是让受教育者对知识、文化充满好奇，甚至着魔。这样，学生就有学习动力，就无须我们苦口婆心地告诫、劝说甚至威逼了。

爱是教育的起点，慢是教育的规律，欲是教育的条件。教育者只有拥有爱才会有育人之心。教育只有慢下来，对人才会有真正的帮助。教育只有点燃孩子心中对未知的欲望，才会真正有效。

给教育侧个身

在一次校长案例分享会上，圭峰中学（江西省弋阳县的一所农村中学）的李庆红校长和大家分享了三个小故事。这三个故事给了我一些思考。

“校长，最近各班穿拖鞋进教室的学生越来越多了。班主任多次强调和要求，德育室也加强了管理和考评，可效果不佳。”德育主任反映。

“这是什么原因呢?”李校长问。

“可能是学生纪律意识淡薄，不好的行为习惯反弹，或者是班主任管理不到位……”德育主任如数家珍地把可能的原因分析得头头是道。

李校长听完后没有说话。课间他去了一趟学生寝室，看到了很多湿鞋子；然后又和几名学生交流，才知道因为连日降雨，学生的鞋子湿了，有些学生脚都肿了，都有炎症了……

之后，李校长问其他校级领导、德育主任、班主任：“为什么我们在强调学生要这样要那样的时候没有考虑他们的实际情况?”最后，学校决定在这样的天气下学生可以穿拖鞋进教室。这是第一个故事。

学校集会时，学生集中站在主席台下，校长、主任们轮番上台苦口婆心地“教导”。可学生要么垂头丧气，要么交头接耳，要么心不在焉。李校长说，这样的场景在他们学校里频频出现（其实在其他学校也经常出现，大家可能都已习以为常了）。“我和很多老师和领导说到这一场景，他们都说学生的‘素养’不行。”李校长说，“既然学生的‘素养’不行，我们就应该帮助他们提高，可我们只是望洋兴叹，听之任之，并无作为。”

接下来，他们和学生座谈，与学生个别交流，向学生发放调查问卷，结果学生的回答令我们目瞪口呆。绝大多数学生都认为这样的集会“训话”是毫无意义的，甚至影响他们的情绪，根本达不到老师预想的教育目标。学生认为有什么要求完全可以分开提出，提出的方式也可以多样化，没有必要每次都将大家集中到一块儿；有些问题是部分学生的，如违规违纪、某个年级要做什么、某些同学要干什么，等等，不应该让大家都在那儿“陪听”；有些老师（尤其是领导）每次集会时都老生常谈，他说前一句他们就知道下一句要讲什么了，他们好不容易有几分钟课间时间可以玩，结果就这样被耽误了；更重要的是，有时候不管你讲什么、讲的是不是对他们有利，他们就是不想听，也听不进去。

“这样的调查结果，让我和老师们感到十分意外。我们原先认为学生只会提一些集会组织方面的建议，没想到我们用了这么多年、让我们‘沾沾自喜’的‘好方法’在学生面前是这么苍白和无效，学生内心对它不欢迎甚至抵触。”李庆红校长无奈地讲述了第二个故事。

“上午第四节课后，我校有一道‘靓丽’的风景——同学们‘抢’铃声、‘逼’下课、‘赛’速度，目的就是早点儿吃到午饭。”李校长开始讲述第三个故事。

“是什么原因让学生有这样的‘行为’呢?”他们带着这样的疑问做了一个调查。

“老师，就是肚子饿……”

“老师，看到别人跑也就跟着跑了。”

“早餐的包子、馒头老是很少……”

…………

“其实，主要原因是食堂早餐供应不充足。学校调整了食堂早餐供应后，这道‘靓丽’的风景再也没有重现过。”

听了李校长的三个小故事，我的脑海中萦绕着一个问题：“我们的学校给学生的到底应该是教育还是管理呢?”

为什么这么多领导和老师能看到孩子的“拖鞋”，却看不到孩子的“湿鞋”呢?为什么我们都知道要教给孩子“真知灼见”，却没有人问问孩子他们需要什么呢?为什么我们都知道要求孩子怎么做，却没有人问问孩子他们想怎么做，或者和他们商量商量还可以怎么做呢?我想起李希贵校长的一句话:“管理过度而教育不足。”

学校教育是群体教育，教育秩序的优劣影响着教育质量的良莠。因此，良好的教育秩序就必然成为学校的追求，教育管理也就应运而生。但目前学校呈现在我们面前的多是“精细化管理”，我们很难看到教育的“真容”，甚至连教育的痕迹也很难察觉。

教育需要管理，管理是为了教育。这三个故事（其实很多学校每天都在上演这样的故事）反映出教育管理者和老师们误把教育路径（管理）当成了教育目标（学生教育）。他们的关注点在管理上，而忽视了管理背后的教育目标。综观一些学校的特色与亮点，比如整齐划一、名目繁多的校园活动，准军事化管理，声势浩大的集体活动，“乖、齐、静、直”的课堂，标准化答题模式和标准答案，社团活动（非学生自主自愿选择的），等等，我们觉得这些是管理，而不是教育。

教育看不到，摸不着，但的确存在，它没有固定的模式和程序，它有形而又没有统一的形式。教育很难物化，更难以固化，所以很难在较短时间里展示出“功力”。而管理不但看得到也摸得着，既有模式又有程序，可学可用，且有鲜明的外显形象，很容易得到认可。其实，管理与教育是相辅相成的，有时通过学校的管理能够了解学校的教育状态。但不要因为教育需要管理，就用管理替代教育，更不要忽视我们所追求的教育目标。

教育的核心是人。在前面三则小故事中，教育者把教育过程中的事作为关注目标，眼中只有事，而没有人。

学校的责任和功能正在日益扩大，教育认识还有待统一，教育评价还在摸索，教育资源仍然贫乏，家庭教育经常缺失，这一系列问题让学校不得不关注教育以外的事。但也不可否认，学校在履行教育职能时有所欠缺，在教育过程中有点儿乏味，在面对问题时思考管理性缘由过多，在开展系列教育活动时过于重视形而缺少对神的重视，校长、教师大多看重事而较少关注人。

教育的路被挡住了，大家应该侧个身给教育让一下路。

给学生恰到好处的帮助

一天，听妻子谈起读毕淑敏的《恰到好处的幸福》的感想，不由得想到，教育也应多做恰到好处的事，给予学生恰到好处的帮助。

现在，许多地方都倡导“一校一品、一校一特”，鼓励学校特色化发展、个性化发展，可细细品味，又感觉味道不对。试想，学校的“品”与“特”就一定是个性吗？难道几所学校同“品”同“特”就不能称为个性吗？

我认为，真正的“品”与“特”不是为了吸引眼球而刻意打造的有别于其他学校的特色，而是遵循教育规律、学生成长规律，因地制宜、顺势而为形成的办学特色。

各地教育行政部门和学校之所以注重学校的个性化发展，除了受政绩工程和行政化思维影响外，是否还有其他原因呢？但不管有什么原因，他们的出发点都应该是让教育更好地发展、更好地为师生服务。

“一校一品、一校一特”的发展目标与策略对学校的健康发展有推动作用，但在具体执行过程中，教育行政部门不能要求每所学校都具备不同的“品”和不同的“特”。因为学生在成长过程中最需要的不是“品”与“特”，而是恰到好处的帮助。只有学生得到恰到好处的帮助，学校教育、区域教育才能真正实现和谐发展的目标。

因此，学校在帮助学生发展的过程中，应尽力而为，顺势而为。“尽力而为”反映了教育者想要达到的目标以及对受教育者的态度，“顺势而为”是指教育者要考虑受教育者的认知能力、情绪、态度等因素。

如果教育者只是尽力而为，就会陷入“唯教论”，进而出现种种忽视和违背学生成长规律的行为；如果只是顺势而为，就可能导致学校教育无法发挥其应有的作用。如果一味地强调学校教育的功能，就会出现控制学生的教育教学行为，反之则会出现放纵学生的教育教学行为。

如此看来，学校教育对人的成长是有帮助的，但帮助却是有限的。这也适用于家庭教育。无论是家庭教育还是学校教育，都不能只强调外部作用，都不能用教育替代孩子与生俱来的成长意愿。任何人如果过度依赖外界的帮助，其内在的成长能力就得不到有效的开发。

但在现实中，无论是教师还是家长，都热衷于花费大量时间和精力让孩子练习各种技能，倾向于给孩子更多外部帮助。他们认为，孩子只有接受这些技能训练才能提高素养，进而更好地成长。殊不知，技能训练要能提高素养，首先需要孩子内心有“欲”，其次需要将孩子内心的“欲”与外部施与的帮助结合起来。

那种只注重外部因素而忽视孩子内心真实需求的教育观，正在破坏孩子的自我学习能力，正在让灌输、注入变成教育教学的重要方法。给予学生恰到好处的帮助，考验着教育者的能力，同时让教育的内涵变得更丰富，让教育教学工作变得更有意义。

（原载 2015 年 12 月 23 日《中国教师报》，略有改动）

管理与教育的错位

学校教育需要管理，这是学校教育正常、有序、有效运行的基本保障。但目前，无论是课堂教学、学校活动、习惯养成教育、教学研究，还是课程建设，都充满了管理的味道，而教育却变得稀缺。这是管理与教育错位带来的。

管理与教育的错位，首先表现为教育目标与教育路径的错位。教育是目标，管理是路径，如果没有教育，管理就毫无意义了。每所学校对教师都有教育教学方面的常规要求，这是为了提高教师的教育教学能力。

如今，许多学校把教育教学常规程式化，统一要求，统一格式。本来这是为了让教师的能力得到提升，殊不知，教师的个性、创造性等会被日复一日、年复一年的“要求”与“规范”磨灭掉。这看似很好的方法与策略，其实变成了无味、无奈的任务，真实的教育被人遗弃了。

管理与教育的错位，还表现为要求与需求的错位。我们的课堂是以教师的要求为主还是以学生的要求为主？我们的学校是以管理者的要求为重还是以师生的需求为本？我们是否用要求替代了教师和学生的需求了呢？

学校教育需要目标和要求，学校活动需要规矩和规范，但不能以目标和要求、规矩和规范代替受教育者成长的愿望和需求。课堂上需要孩子们遵守纪律，但有必要整堂课都让他们中规中矩，笔直端坐，双手平放在桌面上吗？任何活动都需要孩子们遵守要求，但一定要他们悄然无声、站正排直等候吗？

我们的孩子为什么越小越喜欢发言、越喜欢表现、越不腼腆，而越大越不愿意表现、越腼腆？这与成年人对孩子的教育有关，我们喜欢控制场面，重视集体气场，而忽视了我们在场与不在场时孩子们的表现是否一致。这种忽视暴露出教育注重教育者的要求，而忽略了社会公共需要和个人成长需求。教育应让孩子在成长和生活中积累相应的认知与感受。长期以来，教育给予孩子的是教师要求的、学校要求的、家长要求的，而不是他们自己需要的。所以，在公开课上、在有人检查时、在表演场所等曝光率高的场合，孩子们的表现与他们独处或与同伴玩耍时的表现判若两人，前者是做给别人看的，后者是自己的真实表现。

管理和教育的错位也体现为“面子”与“里子”的错位。重形式、好面子是当前一些学校的一大特色。一校一品、一校一特、校本课程等教育改革应运而生。其实，这本是学校文化与内涵发展的好策略，但面子与里子的错位，导致得到了面子而失去了里子。

学校文化建设、特色发展、课程开发应遵循因地制宜、顺势而为、帮助成长、激发内驱的基本原则，为师生营造适合他们生长的教育生态，而不应求大、求高、求全，也无所谓前沿与领先，只要对学校发展、教师和学生成长有利就是好的。现在可以看到很多高、大、上的学校文化、学校特色、学校课程，但看不见具体的、可操作的、接地气的低、细、实的“干货”与“硬货”。这种重视面子而忽略里子的行为会让教育变味。

我们是要管理需要的教育，还是要教育需求的管理？这值得每个教育者深思。

（原载 2016 年 1 月 27 日《中国教师报》，略有改动）

教育不应该对普通孩子视而不见

教育如同空气和水一样，人人都需要，但你能呼吸到什么样的空气，喝到什么样的水，却由你所处的环境决定。什么样的环境将决定你接受什么样的教育，环境包括社区环境（民风）、家庭环境（家风）、学校环境（校风）、班级环境（班风）。人们常说，这孩子幸运，因为他有好父母，碰上了好学校、好老师。这说明在他成长的关键时间有一个利于他健康生长的环境，这个环境称为教育生态。教育的最大功德是为孩子们的成长营造良好的教育生态。良好的教育生态不是帮助某一个人、某一部分人成长，也不是帮助人在某一个方面发展，而是对所有人都有帮助，对人成长的各个方面都有引导。

教育的亮点应该是面对现实、面向未来、关注全面。面对现实包括面对需求现实和基础现实，面向未来包括面向孩子未来的需要和社会未来的需要，关注全面包括关注全体学生和学生的“全面”。

学校教育不再是奢侈品，学校和老师要面对不同文化、不同家庭、不同爱好、不同期待的学生，这已经是不争的现实（其实，好多所谓名校选拔学生，就是不想面对这种现实，而选择他们认为“对眼”的学生，以满足他们单一的教育价值的追求）。理论上说，学校和老师是没有选择学生的权利的，他们要有面对文化、爱好与价值多元的学生的健康心态。这是他们教育行动和教育追求的认知基础。他们对学生基础不同和需求不同的理解，是让教育回归理性、回归现实、回归规则的起点。

教育是让受教育者提升素养、寻找自我、认识社会、自我觉醒的过程。今天的教育应该为孩子的一生提供更多可能，教育不是给予孩子一种结果，而是给予他们一生所需的认识、判断、选择和行动的素质。仅凭孩子某一方面优秀或不优秀而判断其优劣，是违背教育规律的，也是不公平的。对孩子未来的需求和社会未来的需求，学校与老师是无法预知的，不能只注重眼前觉得重要的东西，而遮蔽了孩子发展与变化的可能。学优生可爱，普通生同样可爱；学优生需要帮助，普通生同样需要帮助。我们要相信帮助普通生和帮助学优生一样有价值、有意义、有必要。对任何学生都应一视同仁，因为谁都不知道未来是什么样的。

教育的伟大在于其普惠性。关注全面就是教育普惠性的具体表现。学习者有优、有良、有不合格，是正常的，教育应有面对的勇气。教育不可能让每一个受教育者都变成一样的，但可以让他们不触碰底线。学校教育不能面向全体学生，是由教育目标单一、教育评价指标单一造成的。只有面向学生的“全面”，只有理性地理解教育的功能是帮助，是为学生的发展提供可能，教育者才能真正面向全体学生。教育者唯有了解教育责任，才不会被外界非理性的要求所影响，才能静下心来按教育规律做教育，也才能真正走向专业化。

要相信普通生与学优生都同样渴望成功，不要厚此薄彼。普通生和学优生都拥有这样的人生梦想，那就是做一个健康、自由、快乐的人，只不过他们寻找梦想的路径不同。其实，在教育过程中，我们对普通生先入为主，总认为他们没有抱负、不努力、不上进，不能成为学优生，甚至认为他们懒散、没有荣誉感、不爱团队、不尊师爱友，等等。因此，普通生在学校里的待遇直线下降，他们受到的不是关注，而是严管；不是帮助，而是回避。可想而知普通生的处境艰难，他们在成长过程中得不到真正有效的帮助。

面对普通生，教育者应该这么想：他们学习成绩不好是因为学习遇到了困难，有的是因为基础不扎实，有的是因为接受能力不强，有的是因为学习方法不对；或者是因为没有将心思放在书本上；或者是因为对书本学习没有兴趣；或者是因为受社会上一些人与事的影响，认为无须认真学习也可以达到目标，等等。不能只站在高处去指责和教育他们，说他们这不行那不行，应该怎么怎么做。他们成绩不好是现实，对此加以指责毫无意义，唯有想办法让他们有所改变，让他们在原有基础上有所进步才是可行之策。这需要一视同仁的耐心、善心和非功利心。

要为不同层次的孩子提供不同的舞台，让每一个孩子都找到存在感。教育目标和评价单一让教育变得势利，变得狭隘，变得不再温暖。学优生拥有良好的成长生态，他们面对的是认可、关心，这虽然也会带来压力、带来不快，但至少还有关注、肯定和温暖。普通生经常面对的则是责怪、无奈，甚至是冷漠和无视。本来他们在学习兴趣、学习基础、学习态度、学习方法等方面，都需要教育者的耐心帮助，但在现实中他们却没有得到帮助，可想而知普通生的成长会遇到很多问题！

普通生不受待见，主要是因为评价所带来的教育价值窄化和学校（教师）利益弱化。改变教育评价不仅涉及评价本身，还涉及教育理念、教育价值追求和教育目标等问题。任何一种评价都有其思维起点，教师、学校乃至区域的教育评价更多的是以一般价值作为导向，也就是家长眼前的需求——升学。

无论是教育的本意还是教育者的情怀，无论是教育价值还是教育者的职责，无论是教育追求还是教育者的良知，都要求我们不应该对普通生视而不见。

每一分都值得珍惜

凡经历过高考的人都听老师和家长说过“一分”的重要性，你多一分也许就上重点大学了，少一分也许就落榜了，每年不都在上演这样的故事吗？

可是，每一分都有这么重要吗？

同样的一分，往往会有不同的价值。对高考生来说，一分有时价值千金。有人因多一分上了名牌大学，有人因多一分上了一本或二本，有人因多一分上了同类校中排名靠前的学校，有人因多一分选到了热门专业，等等。

一分有时毫无价值。比如，对落榜的考生而言，多一分、少一分没什么意义，对他没有什么影响。

我经常问自己，也经常和同事们交流，如果有这么三位同学，甲同学考试成绩从原来的 80 分上升到 81 分，乙同学考试成绩从原来的 60 分上升到 61 分，丙同学考试成绩从原来的 40 分上升到 41 分，我们如何看待他们学习成绩的变化呢？离开课堂已经好多年的我可能会站在“很高”的位置说，他们的进步都应该得到肯定。可是假如回到课堂上，面对上课、备课、作业、考试、培训和考核，我还会这样从容而理性地回答吗？我真的不敢保证。

同样的进步，同样的一分，为什么会有不同的价值呢？是因为我们非常功利，还是因为我们“嫌贫爱富”？

教育的本质在于引导，在于帮助，在于启示。可现在的教育更多的是想让所有人都变成“标准化符号”。这个符号就是学优生。可每个人都能成为学优生吗？撇开人的天资、秉性不说，单从兴趣、追求来说，有些人对我们设定的学优生并不感兴趣，压根儿就没把它当回事。你说他们怎么可能成为我们心中的“标准化符号”，又怎么可能入我们的法眼？我们又怎么会用一样的心态去对待本来有着同样价值的一分呢？所以，甲同学的一分注定是进步的一分、光荣的一分、值得表扬的一分；乙同学的一分注定是平凡的一分、可有可无的一分、走不到舞台中间的一分；丙同学的一分是不能帮助他摘掉后进生帽子的一分、不能改变他学习不努力定性的一分，是仍然要成为同学们反面例子的一分。

同样的一分，同样的进步，却有着不同的价值。这有多种原因——家长世俗、老师急功近利、学校考核偏差、教育主管部门评价导向不全面。但仅仅只有这些吗？我们对不愿读书、没有养成良好读书习惯的学生有公平、公正的认识吗？我们不是总认为这些学生“没有多大出息”吗？不是总认为这些学生“太不上进”吗？甚至不是还怀疑这些学生“价值观和智商不怎么样”吗？有多少人会真心地对他们说：“‘天生我材必有用’，你的兴趣不在这儿。”我们给了不愿读书、没有养成良好读书习惯的学生多大的“认可与空间”了呢？要让每个人有权在法律和公德的框架下自主选择自己的生活与兴趣。只有营造一个尊重人的选择的氛围，才能让教育远离功利、回归本质——引导、帮助和启示。

每一分都有同样的价值，其价值在于学生为此努力过、迷茫过、高兴过。愿我们能平等地尊重每一分。

第四辑

做个懂行的教育管理者

我们提倡“做”而论道，而不是“坐”而论道，用行动带动专业发展。

管理者要参与并研究课堂

许多教育管理者将关注课堂作为自己重视教学、深入一线的佐证，但这种关注有时却可能是官僚思维在作怪。管理者不应该只是关注课堂，而应该参与并研究课堂。

课堂是学校教育的主阵地。现代学校教育以班级为单位、以课堂教学的方式开展，即便一些地方倡导走班教学，弱化甚至取消行政班，也主要是在教学内容、教学方式、教学评价、教学目标等方面进行改革，课堂教学还是学校教育的主要方式。

可以说，课堂的状态决定学校的状态，课堂教学的效果决定学校教育的效果，学校的办学理念、办学宗旨以及学校文化的传播，主要是通过课堂来实施和实现的。

然而，许多教育管理者并没有把时间和精力放在课堂上，而是将之放在了课堂之外。他们常常想出一些策略和方法去提高学校的教育教学质量，而这些策略和方法往往是管理、评价、活动等。很少有人能真正走进课堂，去体验、思考、帮助教师和学生改革与发展课堂。

其实，只有到课堂上去，才能体验到师生真实的生活状态，才可能让管理决策更好地服务教育、服务教师、服务学生。

课堂是充满变化和规范的空间。课堂的主角永远是人——教师和学生。在课堂上，规范与变化并存。规范是课堂的基本要求；变化是指课堂上发生的突发事件，而突发事件是不可预测的，也是能体现课堂更深层次价值的机会。

不是每个教师都能按照规范进行课堂教学的，这就要求管理者必须进入课堂了解、研究课堂教学情况。

变化则是课堂教学中的正常现象。然而，有些教师的课堂是没有变化的，只有预设的规范，因为他们不允许变化，甚至害怕变化。没有变化的课堂是呆板的，是少有交流互动的，是缺乏探究与生成的。这样的课堂通常也是低效、单一、不被学生喜欢的。那么，拥有这种课堂的学校，会是一所什么样的学校？拥有这种课堂的教师，会是一名什么样的教师？拥有这种课堂的学生，会是一群什么样的学生？

课堂既普通又伟大。说它普通是因为每天都有无数堂课；说它伟大是因为在这无数堂课上有无数生命渴望成长，而这又可能会影响他们一生的发展。

因此，每个教育管理者都应深入课堂，体验课堂，研究课堂。课堂需要教育智慧，而智慧则需要体验与思考，走进课堂就是走进教育。

（原载2016年2月3日《中国教师报》，略有改动）

教育为何变得不再美丽

“中国教育最大的问题是社会各阶层对教育的认识不统一。”朱永新教授说。而对教育的认识不统一导致对教育的作用认识模糊、教育方向不明、教育目标不确定等一系列问题。教育者也就越来越遭受争议和质疑，其教育观点、教育行为也不被社会认可。这导致许多教育者越来越希望成为管理者。在日常教学中，在面对学生甚至家长时，他们都把自己定位为管理者。这样一来，教育行政化意识日趋盛行，而教育专业化发展之路则慢慢荒芜。

江西省弋阳县也同样面临教育专业化发展的困扰。教育者缺乏教育视角，缺乏教育情怀，缺乏健康的教育心态，缺乏健康的教育价值观，引发了一系列教育问题。例如，课堂上以讲代学、以考代学、以考代教、以考试分数替代教育教学，教师认为“讲了学生就懂了，学生不懂就再讲；做了学生就会了，学生不会就再做”；学校以活动替代课程、以管理替代教育、以教育路径替代教育目标、以应试成绩替代学科知识素养、以课堂模式的改变替代教育改革等；教育主管部门以考核替代监管、以管理替代服务、以评价替代职能等。

面对这样的现状，我县尝试做了一些工作。近三年来，我县的教育在专业化发展方面有所提升，在去行政化方面也有一些收获（参见《教育去行政化：让学校回归教育本位》，见本书第 135 页）。

办公室距离教室到底有多远

心在哪里，路就在哪里。我们花了过多时间、精力去管理和考评教师，而没有花时间和精力去研究、关注并帮助教师及其教学行为。

只有“教育教学业务”不再成为分管任务，管理者才会真正关注教师，关注课堂，进而研究师生的课堂行为、课堂对话、课堂思维，才会真正摆脱把课堂改革当成课堂结构改变的模式，才不会把简单地宣布某校、某县、某市全面开展了某某教育改革当成改革本身。因为“教育教学业务”不能只靠分管领导“主抓”，而应该是教育局和学校的灵魂和命脉，只有管理者和其他所有工作人员都把“教育教学业务”当作自己的专业与工作重点，教育才能真正称为教育。换句话说，没有局长与校长的专业，就难以有教师的专业；没有教师的专业，何谈教育的专业？那么，局长和校长该如何做到专业呢？

首先，用行动带动“专业”发展。管理者要关注学校的教育教学现状，关注教师的教育教学行为，关注学生的学习行为。我们面向管理者开展“五‘进’活动”、“泡课堂”、“做助理”、“做专业培训教师”、“做学员”、“创设多渠道与一线教师交流机制”等活动。管理者的兴趣在哪里，大家的关注点就在哪里，哪里就会成为焦点。

搭平台让教师不断演绎精彩。我们搭建了许多平台，如“让培训成为教师的福利”、“最美教师评选”、“优秀教师奖励基金”、“文星杯教师素养大展示”、“优秀教师人才库”、“教师校外交流机制”、“教育资源向教师专业成长倾斜”、“社会人士、家长参与学校教育教学活动”等。这些平台的构建不仅能让教师展示才能，还能让教师得到肯定、获得尊重，同时能在区域内形成专业发展的浓厚氛围，为区域教育文化积淀优秀基因。

只有管理者不是在办公室而是去教室里思考教育，教师才会还原教育本来的面貌，学校教育才会真正站在学生成长需要的角度去思考、去践行。

开通多条“绿色”通道

“行政推动、民间组织、问题研究、搭建平台、服务教育”是我县为了解决组织框架内的单一模式问题而开通的绿色通道。我们与学校、教师、家长往往只能通过行政渠道联系，所有信息交流都要通过窄小的巷口——少数行政管理者。这样不仅信息流动慢，而且会加大这些管理者的工作量；时间长了，还会出现信息堵塞和信息过滤，不能让信息均匀发布，影响应有的效率。于是，我们成立了家校合作委员会、教育梦·龟峰读书联盟、班主任协会、心理学协会、名师工作室等五个民间组织。

“家长与学校在孩子教育上如同开一家股份公司，家长是公司的董事长、终生持股人，学校是公司的 CEO、阶段持股人，他们是合伙人。”这是我们对家校关系的定位。学校与家长只有像合伙人一样，才会有你我同心、同力、同向的合作。

“不在一起的共同生活”、“把家长会开到孩子父母的打工地去”、“农闲时，请家长来学校；农忙时，教师进村”、“百名教师走千家，千名家长访学校”、“年初岁末家校互访”等形式的家校合作在很大程度上解决了留守儿童家长不在家所带来的难题。家长通过家长大课堂、家庭生活技能大展示、家长志愿者，参加学校监考、值日、管理食堂、路队维护、担任家长安全员等形式参与学校管理和其他各项工作，融入学校，了解学校，认识学校，认同学校的工作。我们还通过开展家庭教育讲坛、心理健康指导、家庭亲子阅读、评选最美育人家庭等活动帮助家长提升家庭教育的水平。这样，家长在教育孩子时就不再孤独，不再害怕，不再盲目，也不再责怪他人。我县家校合作委员会依靠行政支持，充分发挥教师、家长和社会的力量，让原来“没事不见面，见面肯定有事；遇事躲，出事怪；成绩是自己的，责任是对方的”的各负其责、互相埋怨的家校关系变成了“孩子教育过程中有问题正常，没问题倒奇怪；你不会的有我，我不行的有你；家校之间信息互通，不再让孩子做传话筒”的相互帮助、互相体谅、共同面对困难、寻找方法的合伙人式的新型家校关系。

家校合作委员会摆脱了沉重、烦琐而又低效的行政化工作，多层、多向地激发学校、教师、家长的热情，开创性地尝试各种教育合作的可能，解决、化解了家校之间的矛盾、分歧、误会和推诿。

“读书（阅读）其实就是一种生活态度、一种生活习惯。”

“加入这个团队（教育梦·龟峰读书联盟）让我找到了自信，学会了交流，有了更多朋友。”一位乡村教师说。

“读书改变了我的心态，改变了我的生活习惯，也改变了我的家庭……”许多老师在交流分享会上，在读书联盟微信群里，在与同事、朋友、家长和同学闲谈时都表达了读书（阅读）让他发生的改变。

教育梦·龟峰读书联盟是我县教育系统的另一个民间组织。“局长，你让我做什么都可以，就是不要让我写材料。”这是局里分管宣传的一名班子成员跟我说的一句话。问他为什么，“偌大的一个局机关找不出三个会写文章（指的是写汇报总结材料、领导讲话稿、通讯报道）的人，几千人的教育系统也没几个人会写、愿写”，他向我诉苦。后来一了解，我发现老师们除了职称评选时需要写“论文”以外，平时基本不动笔，学校和教育局所需的材料也只作为“工作任务或工作要求”来对待。一年下来，能在省级及以上专业报刊上发表文章的老师少之又少。再深入调研，发现真正阅读的老师也是凤毛麟角，老师们的整体阅读量少得可怜，毫不客气地说，一年阅读量（包括阅读杂志）几乎为零的都不在少数，就更不要说阅读经典和有效阅读了。

不读书的老师如何教学生读书，不爱读书的老师如何能让孩子喜欢读书？

“规定每位教师一个月读一本书，这样每位教师一年就可以读十二本书。”

“每位教师给他一定数额的购书款，他拿购书发票来单位报销。”

“全县教师共读一本书，然后开展征文和演讲比赛。”

诸如此类的建议，不可否认的确能推动教师阅读，但这些都是外部因素，教师自己愿意吗？如果不愿意，这样的阅读有效吗？

怎样才能让教师喜欢上阅读呢？我们把一些愿意读书的教师聚在一起，让他们交流读书体会，分享读书心得，展示读书成果……从开始不足百人的小联盟，发展到现在近八百人的大联盟。读书联盟还成功地成为《教师博览》读书联盟的团队成员，《教师博览》首届读书论坛就是在弋阳举办的。

读书联盟成立不到两年时间，其成员就汇编诗、词、文章集十余本，其中有个人诗集一本、词集一本、诗词集一本，教育随笔和教育故事四本。这些教师在省级及以上专业报刊上发表教育类文章近百篇。另外，教师读书带动了学生的读书热情，学生读书点燃了家长的阅读激情，家长经常与联盟成员分享读书体会。读书联盟在本县开展“家庭亲子阅读”、“读书周和读书月活动”、“最美育人家庭”、“叠山书院论坛——我的读书故事”、“每月佳作评选”、“我们共读一本书”、“师生读书吧”、“漂流图书屋”、“校报、班报、手绘报展示”、“读书人家评选”等活动，有效地激发了教师、学生和家长的阅读热情。

让教师读书，是让教师自己读书，我们能做的是给教师创造一个读书的氛围，而不是制度；让教师读书，先要让教师爱上读书，我们能做的是给教师提供一个爱读书的环境，而不是爱读书的理由。

教育需要管理，没有管理，教育可能会寸步难行；但教育不是管理，因为管理只是教育的拐杖，拐杖始终替代不了脚，就像管理永远替代不了教育一样。需要什么样的管理应该由教育说了算，而需要什么样的教育则不应由管理说了算。有时，我们是不是管理过度，而教育不足呢？

做个懂行的局长

教育政策的有效落实，需要教育局局长对教育政策的熟悉和掌握，更需要教育局局长的智慧和胆略。这样，才能解决困扰区域教育发展的根本性问题，推动区域教育不断发展。

教育是一个专业性很强的行业，作为区域教育发展的领航人，教育局局长不仅要具备扎实的理论基础，还要熟悉和掌握国家与地方的各项政策，并善于将政策运用到区域教育工作中。

首先，要加强学习，熟练掌握教育政策。工作烦琐、复杂，教育局局长该如何学习和研究教育政策？一是要认真学习上级文件，特别是与教育发展密切相关的专门文件。二是要通过上网、阅读专业报刊等，研读上级制定的各项教育规划、纲要和法律法规，做到烂熟于心。三是要积极参与上级教育行政部门组织的专业培训，了解最新教育动态。

其次，要用好政策，服务区域教育发展。熟悉和掌握各类教育政策后，教育局局长就要积极推进教育政策落地，发挥其服务区域教育发展的功能。一是要将需要上级党委和政府支持的政策，如经费投入、教师培训和管理等项目，上报地方政府分管领导，让其了解上级政策，进而得到领导的重视和支持。二是要加强与兄弟单位的沟通与交流。有的教育政策涉及财政、人事、国土资源等部门，教育局局长要让这些政策落实到位，就必须强化与这些部门的沟通，争取他们的支持和帮助。三是要加强对教育工作者的教育政策培训，让教育系统的每个人都了解、掌握并灵活运用相关政策，避免违法行为的发生。四是要在调查研究的基础上制定符合当地实际的实施方案，把公正、公平执行方案的过程变成运用政策推动工作的过程。五是要加强政策宣传。地方教育部门可以通过电视、广播、网络等媒介，主动向家长和社会广泛宣传，让他们知晓教育政策，营造社会支持、关心、帮助教育发展的氛围。

再次，要破解困难，让政策落地。由于多种原因，政策落实过程中往往存在不少困难，身为区域教育的领头羊，教育局局长要担负起推动政策落实的重任。

以弋阳县为例，作为经济欠发达区域，弋阳县多项教育经费不能足额拨付到位。因此，我们的做法是，抓好内部管理，提高教育教学质量，让教育成为上级考评县委、县政府的一项重要内容，进而得到县委、县政府的重视，以解决困扰教育发展的多项难题。

近年来，义务教育均衡发展是国家推进教育发展的重要内容，各级政府相继推出了具体实施意见。弋阳县从规范城区学校招生入手，依据相关法律、法规和政策规定，以县政府的名义组织 19 个政府职能部门参与方案的讨论和制定，向不同层面的群众征求意见 10 多次，制定了《弋阳县城镇学校招生（含插班生）工作方案》，满足了群众的需求。

总之，教育政策的有效落实，需要教育局局长对教育政策的熟悉和掌握，更需要教育局局长的智慧和胆略。如此，才能解决困扰区域教育发展的根本性问题，推动教育不断发展。

（原载 2015 年 10 月 21 日《中国教师报·区域教育周刊》，略有改动）

周年的味道

我做弋阳县教体局局长已有两周年了，这平常而有痕迹的两年时光值得我细细回味。

“独行”时的惶恐。我在学校工作了多年，学校工作中除团委和教务没有直接负责过外，其他岗位都尝试过。虽然我没有在幼儿园、小学工作过，但在初中、高中都工作过，还取得过一定的成绩。因此，当我到教体局工作时，教育系统的同事表达出对专业局长的渴望，民众对我的期待也挺高。可当我试图进行一些改变时，情形却大不一样了，真正理解的人很少，能和我一起去面对并行动的就更少了。

面对教育部门上下目标不明确、学校与家长相互指责埋怨、社会对教育缺乏信心和信任的现状，我提出了弋阳教育的三个目标：“让弋阳的教育走上专业发展的道路，让弋阳的孩子在家门口受到良好的教育，让弋阳的教育成为弋阳人的骄傲。”要实现这三个目标，弋阳的教育者就需要在意识、态度、理念、行为方式等方面进行改变。规范教师从业行为，对教师提出更高的要求；规范城区招生，让符合进城就读条件的孩子轻轻松松地就读，让无须进城就读的孩子一律回原地就读；加大教师专业素养和专业精神培训；加强考风考纪建设……要做好这些事情不但需要大量细致的工作，更需要一大批敢于且愿意行动的教育者。虽然有一些人参与进来了，但不确定性和惯性所带来的方方面面的压力使我们的工作遇到了强大阻力。这些压力又通过不同方式、不同路径传递给我，矛盾也集中在我这里升级和爆发。

原来的利益获得者发起“反驳”与“挑衅”，因为我们没有共同愿景，所以工作节奏被打乱，工作要求提高时他们就产生“埋怨”和“对立”情绪；因为我们的教育理想不同、工作目标不一致、认知不同，所以他们经常争执并消极应对。这些都让我陷入“独行者”的困境，这样的困境一度让我感到惶恐、忧虑、无助。

我曾经以一幅漫画表达过当时的心灵历程。画上，我拉着车，车上装满货物，我的同伴悠闲地坐在车上侃大山，并不停地埋怨车子不舒服、太阳太大晒得人难受、路面不平颠簸……那时的我，全副武装，铜牙铁齿，好像是一个无所不能的奥特曼。现在想想都很害怕，害怕我的横冲直撞伤了人，害怕我的横冲直撞损坏了东西（区域教育文化、教育生态等），害怕我的横冲直撞影响了大家的心态。

“怀疑”时的担当。随着时间的流逝，有些工作得到了一些反应。随之而来的则是追问：“为什么要这么做？这么做有什么效果呢？可以不这么做吗？”这些与其说是追问，不如说是质疑。更让人揪心的是，这样的质疑和追问你根本听不见，人们在“恭维”中懈怠，在“认同”中推诿，在“执行”中保留。它们如同空气一样，你看不见，摸不着，但却客观存在。

2013 年高考成绩因优秀生源外流而较差，高中老师们感觉没有得到应有的重视，校长们觉得自己尽力了而老师们并未尽责，等等。此时，担当是化解怀疑的有力措施。我从借外力化解困难、明方向凝聚人心、话愿景促进行动、抓细节重视过程、出成绩树立信心、表观点获得尊重等方面同弋阳一中全体教师群策群力。在高考成绩没出来前，我多次在公开场合表态，成绩好是大家的功劳，成绩不好是我的责任。老天不负有心人，结果 2014 年弋阳县高考成绩从前几年全市倒数第三（列于十名后）跃居全市第四。

以良好的考风促进良好的学风、教风的形成，以良好的学风、教风促进良好的校风的形成，以良好的校风促进良好的教育风气的形成，以良好的教育风气引导广大民众对教育的认可。以中考为抓手的考风大整治，让一些学校、一些家长心存不满，他们认为这是在耽误百姓子女的前途，牺牲老师、学校的声誉而换得个别领导的政绩。因此，我们先从列入中考成绩而又不是笔试的体育与实验操作开始，设计了一个相互监督、相互制约而又公开、透明的运行机制，确保任何个人都不能“有所作为”。中考文化课考试更是责任到人，追责到位，分片、分校、分区包干，进行高考式全程监控，等等。这些做法使考风骤然好转。弋阳县的中考成绩从全市中游一跃而居全市第二。

“认可”时的激动。经历了“独行”时的惶恐和“怀疑”时的担当后，我们迎来了“认可”时的激动。为了改变“一群傻子检查一群骗子”的教学常规检查现状，我们改变了原来将检查结果作为评价依据的做法，让对教师的常规要求转向对教师需求和学生需求的探讨，从评价人向帮助人转变。只有让被评价人感受到评价是帮助、是探讨、是提升而非要求与命令，评价才能变得温暖，才能激发教师内心的感动和动力。为了让初中和小学教育面向全体学生，让学校实施学习基础、学习兴趣、学习习惯等方面的素质教育，我们改变了原来只进行单纯文化课考核的做法，采用包括文化素质考核在内的多维度考核方式，其中包括体育体质技能、音乐美术素养、低年级汉字规范书写、英语口语、普通话、实验实践技能操作等八项素质测评。而且在初中、小学测评中重视全员性和全面性，以平均成绩和后百分之二十的学生成绩作为考评内容。这一系列评价变化带来了教师教学行为的变化，教师教学行为的变化引导着学生学习行为的改变，学校的教育观念也在悄然发生改变。评价在哪里，学校的着力点就在哪里；评价在哪里，教师的关注点就在哪里；评价在哪里，学生的兴趣点就在哪里。

我们花了大量时间告诉大家应该从什么教育向什么教育转变，教育应该怎么做、不应该怎么做。其实，我们应该在具体工作中问问大家，他们为什么会这么做。其实，他们不仅需要我们的引导，更需要我们的回应，而一开始时的回应可能更多的是我们的评价。改变了评价就等于改变了教育者的行为方式，而教育者行为方式的改变就是他们思维方式的改变。

“合作”时的成长。我们采用行政推动、民间组织、问题导向、探究寻找的方式建立了家校合作委员会、教育梦·龟峰读书联盟、心理学协会、班主任协会、名师工作室等五个民间组织。这是我县教育系统践行专业化发展道路的又一个尝试。五个民间组织坚持依法遵规，坚持问题导向，坚持合作探究，坚持专业引领，坚持平等互助，坚持自主自愿，坚持开门论道。它们解决了区域教育中的一些问题。比如，家校之间良好的合作关系促进了教育良好的发展，班主任协会为班主任老师提供了一个质疑、思疑、论疑、答疑的平台，有效地帮助他们解决了工作中的困惑，提升了他们的专业水平。

“我今天不是来打酱油的，我是来抢‘和美国年度教师对话’活动门票的……”这是我们竞争式外出培训资格选拔赛上一名老师的话。我们以培训促进教育专业化发展，我们给每项工作、每次活动，甚至每次评估都加入了培训和培养的因素。一次工作、一次活动、一次评估做得不好，下次还可以努力。如果没有优秀的人才，那就不是一次工作、一次活动、一次评估的失败，而可能是长久的失败。正因为我们有这样的意识，所以我们的“合作”团队很多。我们不仅有家校合作、部门合作、校校合作、师师合作、师生合作……还有影子校长培训、菜单式培训、MBA式培训、团队跟踪培训……通过一系列合作与培训，我们的教育系统就像心往一处想的一家人一样去开展各项工作，不仅各项工作都取得了进步，更重要的是我们实现了在工作中成长，在交流中成长，在合作中成长。

两年的时间，我收获了“孤独”，同时也收获了“坚持”；收获了

“怀疑”，同时也收获了“信仰”；收获了“认可”，更收获了“回报”；收获了“合作”，更收获了“成长”。感谢两年的时光，是你让我遇见这么多“合伙人”，遇到这么多“困难”与“困惑”，遇到这么多“质疑”和“彷徨”。

回“家”并不难

小时候端着饭碗串门的幸福时光，单位里其乐融融、不分彼此的简单生活，不知何时悄悄地远离了我们。单位不再是我们温和生活的地方，那里好似只剩下工作，只剩下生硬硬、急躁躁的人与事，单位条件越来越好，却再也不像以前简陋时那样能给人家的温暖，让人留恋了。是谁夺走了我们的温暖？细想一下，是我们自己的心让我们彼此走远了。“家的温暖”就真的离我们远去了吗？

偏远山区的学校好像什么都缺，缺教育设施，缺稳定的师资，缺教育的氛围，等等。其中最让人闹心的是每年暑假老师招考进城，偏远地方的调往次偏远的地方，次偏远地方的去了城市近郊，城市好似一块万能磁铁，把一切都吸纳进去。每次人事变动都是一次波动。昔日的伙伴加同事，原来同去同回，如今各奔东西，原本不平静的心被现实的攀比和“关心”弄得更加荡漾。

每次教师变动都会让原本脆弱的学校经历较大的伤害，伤害过后是学校“文化分娩式重新整合”，可是真正能做到文化重新整合的学校又有几所呢？乡村学校文化就在这一次次教师变动中悄然发生变化，学校原本的温和变成了“伤痛的埋怨、郁闷与冰凉”。这给乡村学校，尤其是偏远乡村学校文化带来“断代式浅薄”，使得学校就像公交站台，只是临时用来歇脚、暂蔽风雨。

然而，我身边出现了一些小事，它们悄然减轻了“断代式浅薄”给学校带来的伤害。

人去楼空，人走茶凉，是导致学校文化出现“断代式浅薄”的关键。其实，学校有没有家的味道，关键不在物，也不在人，而在于是否有人在意自己的存在。夏天，曹溪中学每天为每位老师准备一碗红枣莲子羹、一碗绿豆汤。这一举措看似平常，却让每位老师都感受到存在的价值。曹溪中学是一所距弋阳县县城近四十公里的普通农村初级中学，它有着中考全县七连冠的辉煌和曾经面临倒闭的过山车式历史。汪水辉校长经过六年精心经营，使这所学校又一次体面地面对曹溪百姓，使老师们体面地享受做老师的酸甜苦辣。学校在管理、考核、评价等方面处处兼顾学校的要求与老师的感受，使学校各项工作都游走于硬、柔之间，使老师们能够享受到原则下的体面。多名调离该校的老师在新单位随时随处都在传播在曹溪中学体面式工作的感受，都在倾诉自己的留恋。这正是学校文化的起点和伸展。这种伸展缘于学校的在意与温暖。老师融入学校，学校植入老师心里，老师与学校之间的契约关系就简化为简单而又自然的“家”的文化。

“留不下人，留住心”，这是弋阳县另一所偏远的中学——烈桥中学的钟高峰校长常说和常做的。钟校长主动放弃近郊学校，自愿申请去最偏远、最薄弱的学校任职，他是本县在职校长中任职时间最长的校长。由于地域因素和学校“传统”，学校面临老师周一来校周五回（周二还要把家回）的尴尬处境。每位老师都有外调、外考的强烈诉求，学校每年都有一批老师走，还有一批老师在等（等是为来年走做准备）。

钟校长多次到我这里提要求，每次不是说这位老师是什么原因，就是说那位老师有什么困难，看看能否帮他们调到离家近点儿的学校。面对一所缺编而又难分到新老师的学校，校长所做的不是留老师，而是“推”老师。这着实让我吃惊，不知缘由的我尽力满足他的诉求。当老师调离时，钟校长高高兴兴地帮他叫车，帮他搬东西，让他热热闹闹地走。有人问钟校长为什么要这么做，他说：“别人有难处，要走，是留不住的，不如让别人高高兴兴地走，这样也让人家心里舒服一点儿。”

正是他这种“不顾学校发展”（有人向我反映时说的）的做法，导致了一些“奇怪”的现象出现——学校强烈要求外调的人少了，有人愿意分进去或调进去了，外界对学校的评价和认可度高了，学生外流的现象少了，甚至还有学生“回流倒灌”的现象。问老师们，他们说地域是一个客观实际的选择因素，但绝不是唯一的因素，有时候甚至不是选择的第一因素。

小小的举动，包含着一颗平常心；小小的做法，埋藏着不平凡的智慧。心中有人——有己、有他、有你，这样单位才会温暖。

推己及人，只有站在利益各方去思考现实，才能找到大家都认可的行事方法与准则。单位其实是第二个“家”，不但是时间上的，还是空间上的，甚至连我们的情绪、情趣、情感与它都有密切的关系。如果我们能在家一样的单位里工作，我们就会拥有简单而快乐的工作与生活环境。其实，回“家”并不难。

教育去行政化：让学校回归教育本位

教育行政化问题是当前中国教育最突出的问题。政府按照行政逻辑和规则管理学校，学校内部实行自上而下的行政控制。校长官僚气越来越重，缺乏教育情怀；教师对“当官”趋之若鹜，教育专业化发展之路慢慢荒芜。

2013 年，弋阳县确立了“让弋阳的教育走专业化发展的道路，让弋阳的孩子在家门口接受良好的教育，让弋阳的教育成为弋阳人的骄傲”的教育发展目标。要实现这三个目标，就必须进行教育去行政化改革，排除外部和内部因素对教育的干扰和制约，让学校回归教育本位，按教育规律办学。

一、使资源部门不再是权力部门

过去，县级教育主管单位“计财”、人事、校建、电教等部门拥有公共资源支配权，因而是比较吃香的权力部门。学校要想申请一些经费或设备，往往需要与这些部门搞好关系。这不仅容易导致资源分配不透明、不公平、不合理，浪费校长大量的时间与精力，而且容易助长这些部门的衙门作风。

为了改变资源部门的行政化倾向，我们将这些部门定位为服务部门，而不是权力部门。一方面，资源部门每年要晒出资源清单，让每所学校都明确各种资源的名称、数量和用途。各校根据自身实际情况对接资源清单，上报自己的资源需求计划。

另一方面，我们采用“摸清家底、规划先行、按需申报、集体决策、分级实施”的方式分配资源。①摸清家底。2013 年，我们派出负责的干部（弋阳县教体局实行局班子成员和机关干部联系学校的制度），对所属学校的校建设施和电教设施等教育资源进行全面清查，并如实登记在册。②规划先行。对各学校目前以及未来五至十年发展所需的资源进行综合评估，评估结果作为今后学校资源配备的参考依据。全县每所学校以国家、省配标准为依据，结合学校近期、中期（五年）、远期（十年）发展所需，做好各项教育设施设备的综合规划，作为学校资源配置的蓝本。③按需申报。各学校和教体局负责的干部就所在学校所需资源共同向教体局提出申报。④集体决策。局班子会议根据事先掌握的相关信息（资源、规划、申报、校情等）进行研究讨论，有时还会让负责的干部参与决策，使意见多样、信息全面，从而使决策更加科学、有效。⑤分级实施。局班子会议研究决定后，各职能部门严格按照职责管理权限，分级实施，各负其责，各行其权，相互监督，合作互助，以避免集中实施校建项目和电教配置。

资源部门不再集规划、设计、分配、考核、评估于一身，也就不可能成为权力部门。资源部门以专业化的思维来思考原来的行政化工作，“去行政化”也就不再遥远。

二、让校长“对下负责”

对学校而言，往往是“评价在哪里，兴奋点就在哪里”。学校之所以缺乏教育的味道，只重视学生的考试成绩，归根结底是因为我们的评价出了问题。要改变教育的评价导向，首先要改变对学校和校长的评价方式与标准。

过去，教育行政部门对学校和校长的评价主要是自上而下的，他们更多的是站在管理的角度来思考评价方案，这导致校长常常只“对上负责”，不“对下负责”。为此，我们邀请教育主管人员、校长、教师、家长等利益相关者参与讨论、制定评价方案，同时他们也是评价的主体。在评价内容上，既重视过程性评价，又重视成效评价，同时还增加了“校级班子专业化发展水平”评价项目。

由于学校工作面广，校长的职责烦琐，因此很难从一个维度来评价学校和校长的工作。为了使评价科学全面，我们采取多维度、多次数的评价方式。对校长个人的考核，包含工作作风、管理水平、满意度（机关负责的干部，学校教师、中层干部、家长从各自的角度对校长的德、能、勤、绩、廉、综合能力进行评价）三个维度；对学校工作的考核，包含校级领导集中考核、学校教学质量评价（注重合格率、良好率、平均分的评价）、学生音体美语言等综合素养评价、机关各股（室）对学校（校长）完成工作的评价、教体局机关人员对校长的民主评议五个维度。就次数来看，有日常考核（平时教体局布置的各项工作评价，次数不限）、年度考核和任期内考核。在评价过程中，我们淡化学校评价的名次，强化学校各项工作在全县所处的层次，帮助学校不断夯实各项工作的基础，注重学校工作的发展变化，以发展变化来评价学校和校长的工作。

我们将评价结果当作校长任用、评优、“评先”的依据。2015 年年初，36 名公办义务教育学校校长通过四轮综合评价，6 名考核成绩处于末位的校长被免职，6 名考核总分位居前列的副校长被提拔到校长岗位。这完全以评价结果为依据，以促进本地教育事业发展为目的，弘扬了以做专业为荣的正能量，得到全县上下一致好评。

评价的主体拓宽了，评价的内容更加专业了，校长的视野自然就开始向下聚焦，向学校的核心工作聚焦。

三、让检查培育学校发展的正能量

有些县级教育主管部门为了加强学校管理，每学期进行学校教育教学常规检查，检查的结果用于学校评估、考核。检查者集中人员、集中时间组织业务培训，被检查者根据检查项目逐条进行对照，然后补资料、补记录。可谓上下齐动，声势浩大。然而，检查过后，一切“涛声依旧”，不仅浪费了大量时间和精力，而且助长了弄虚作假之风。

在第三方评估还未成熟时，教育管理部门对学校办学行为、办学效果进行检查是必要的。可为什么会出现好心办坏事的状况呢？首先是因为定位出现了偏差。教育管理部门管的意识过强，服务与帮助的意识不够。其次是因为忽视了教育的专业性。教育中的所有效应都需要人与人之间的有效交流才能实现，而非简单的格式化和规范化要求就能达到。最后是因为把教育所需的条件（路径）当成教育结果（目标）来对待，认为只要抓住条件就会有结果。

我县对学校教育教学的常规检查有四种形式——邀请式、展示式、突击式、常规式。邀请式、展示式检查的内容、标准、对象、时间都由学校自行决定。邀请式检查是由学校主动向教研室提出邀请，教研室接受邀请后，根据“学校需要查什么，教研室就查什么”的原则，组织教研员对学校教学常规进行督查。检查不打分、不考核，检查结果当场反馈，具体反馈对象由学校确定。邀请式检查以服务为目的，帮助学校总结经验、挖掘亮点、发现不足，改进教学工作。展示式检查也是由学校向教研室提出申请，目的是展示学校的教学管理经验和办学特色。

教育教学常规检查以两学年为一个周期，在一个周期内由学校选定检查方式。如果学校没有自行选定，则由管理部门进行常规式检查；如果发现学校存在问题，则采用突击式检查。突击式、常规式检查的内容、标准、对象、时间不再由学校确定，而是由检查人员自行决定。一个周期下来，所有学校都选择了邀请式或展示式检查。

在实践中我们发现，邀请式、展示式检查给学校带来了以下变化。①学校、教师不再把教育教学常规检查当作一项任务，他们可以选择性地做自己认为最重要的工作。②造假行为明显减少，因为检查结果不与考核挂钩，检查是为了展示学校的成绩和问题，让学校获得更好的服务与帮助。

邀请式、展示式检查是一种积极挖掘优势和培育正能量的评价方式，它以欣赏的态度看待学校和教师的工作，从而使双方建立起信任、合作的关系。检查、评价的目的自然也就从管理转向了服务。

四、让管理者到教室里去思考教育

心在哪里，路就在哪里。当前很多地方“局长在开会，校长在局里，检查组在路上，管理者在办公室。只有教师在教室里，至于教师在干什么、是怎么干的管理者都不清楚”。学校教育的空间主要是课堂，内容主要是课程，方法和形式主要是师生交流，教师在整个教育过程中扮演着不可替代的重要角色。而我们的管理者更多的是在制定方案、考核评价、研究改革发展规划，很少有时间去帮助教师，站在教师的角度思考教育，感受教师的真实体验。

为此，我们提倡“做”而论道，而不是“坐”而论道，用行动带动专业发展。我们在教育管理人员中开展“五‘进’活动”（校级班子成员将办公室搬进教室、进寝室与学生同体验、进食堂与学生同进餐、进教师办公室探讨教学和生活、进实验室观察和参与学生实验）、“泡课堂”（校级班子成员和局机关人员要多走进课堂，与教师共同探讨教育教学）、“做助理”（局机关班子成员到某个班级做助理班主任或助理教师，了解师生的教学生活，研究学校教育教学）、“做专业培训师”

（局机关人员和校级班子成员每学期为教师开展业务培训不少于一次）、“做学员”（局机关人员和校级班子成员必须参加全县性的培训或外出学习活动，提升自身的专业素养）、“做研究”（负责的干部以及学校班子成员，要深入教育教学一线，研究和解决教育实际问题）、“勤交流”（创设与一线教师的多渠道交流机制，局机关人员和校级班子与教师一起参加学校教学活动）等活动。管理者的兴趣在哪里，大家的关注点就在哪里，哪里就会成为焦点。

让管理者走出办公室，到教室里去思考教育，这样管理才能真正为教育服务。

（原载 2015 年第 10 期《中小学管理》，略有改动）

威　信

在第二届叠山书院论坛上，班主任专业委员会为论坛设计了两个话题，其中一个是“如何让校长有威信”。看到同事们踊跃发言，我也即兴做了一个八分钟的发言，现整理如下。

校长作为学校的决策者，在团队中的引领作用是不可置疑的，说“一个好校长就是一所好学校”决非夸大其词。当然，这并不是指校长在学校中的唯一性和排他性。校长要有威信，因为有威信是校长有效决策、行政、引领等的前提。让团队信服的校长，其思、其言、其行就能引起大家的共鸣，反之，其工作就会遇到一些意想不到的问题。校长如何才能形成应有的威信呢？个人认为可以从以下几个方面努力。

第一，制度立威，执行立信。制度是团队之根，没有好制度的团队，是不可能有激情、有创新、有主动性的。制度制定的关键在于价值导向和制定过程。价值导向可以体现校长的理念，制定过程可以体现校长的民主意识和自我定位。有些单位的制度制定就是“一把手”工程，一个人从思考到成文都包了，最后定稿了再拿出来讨论。团队成员没有选择权，最多只有建议权，这样制定出来的制度往往先天不足。制度制定时要多层次、多价值、多形式思考，而且要经过多次碰撞，可以谈条件，谈要求，谈利益，谈人文关怀，最后被大家认可后再形成制度。而制度执行时则只能服从。所以，执行制度只讲事实，不讲条件，不讲人情。只有这样，校长才会有威有信。

第二，工作立威，利益立信。校长首先是一名工作人员，然后才是一名管理者。校长与教师、学生可以说是朝夕相处，他日常的工作态度、工作方法、工作能力、工作责任感等都尽入师生眼中。校长的威信不是树出来的，而是日积月累做出来的。一个团队不能避免利益的分配，而校长掌握着评价权、分配权，这些权力怎么使用是校长能否取信于人的关键。校长既是“带头大哥”，又是“并肩兄弟”，如果只做引路人、评价人，就难以拥有较高的威信。

第三，氛围是威，尊重是信。氛围的作用往往比制度更大。我们需要优质的生活环境，比如蓝天碧水、和风细雨，而不需要沙尘暴、雾霾、地震和洪水等对人有害的东西。工作氛围也是如此，在有些氛围下，人心向上、人心向善、人心向齐；在有些氛围下，人心向下、人心向恶、人心向散。营造什么样的氛围，就有什么样的文化。氛围需要制度支撑，文化可以在氛围中得到折射。管理不应该披上“严肃”的面孔，不应该是“你必须去”、“你要这样”。其实，尊重才是管理者最强大的武器，校长们应该尊重教育规律，尊重学生，尊重教师，尊重家长，尊重不同的选择。

第四，岗位是威，专业是信。能走上校长岗位的，应该说都是有“本事”的，但能不能把校长做好，则需要能力。校长和其他管理岗位一样，任何人只要“坐”在这个岗位上，就会有不同程度的威，但这并不是真正的威。校长如果仅仅有此威，是不能让团队成员认可的。教育需要专业素养和专业技能。校长作为团队的引领者，需要的不仅仅是管理，更是专业，只有做到专业才能让教师、学生、家长对校长认同和信服。

真心点燃教师成长的原动力

面对性格迥异、来自不同文化与背景的家庭、拥有不同基础和爱好的学生，本身就是一件不容易的事。再加上来自不同方向的声音，让教师不知所措，常感身心疲惫，整天忙于应付。教师职业倦怠的现象较为普遍，如何减弱或消除教师职业倦怠成了教育管理者必须面对的问题。

一直以来，教育管理者为了激发教师的工作热情，提升教师的工作内动力，想尽办法开展这样或那样的活动、比赛，以此来推动教师成长。可每一次都是几家欢乐几家愁。何以如此？因为我们在做少数人的游戏，而大多数人并未进入状态，只是被动甚至盲目地跟随。这些活动并未让多数教师有所触动，当然也无从让他们有所收获。任何活动能打动的都是参与者，而非参加者。参与者会获得活动所带来的存在感，包括感性的感染和理性的反思，而这些正是教师得到职业满足和肯定的正能量，是教师站得更高去面对日常的人与事的宝贵财富。

评价不是为了分优劣，而是为了让人看清自己。评价从什么时候开始？从相关人员发现自身的问题且开始规避或改变时才真正开始。我们当前的评价更多地停留在对前一阶段工作的分级、分层上，其实，评价应该以前一阶段的工作为蓝本，让与评价相关的人员（评价者和被评价者）分析、梳理和反思自身的现状，为以后的行为改进提供参考。只有这样看待和认识评价，才能让评价有效、有味。有效是指评价过后团队及团队成员得以提高与改变；有味是指评价过后与评价相关的人员能够站在不同角度与更高的高度去看待评价结果。当评价给教师带去这样的认识时，他们就会更加关注评价结果，就会用客观和理性的态度去分析因果关系，这样，评价结果所带来的负面情绪与认识就不会占据主导地位。

只有教师有需求，培训才会真正开始。培训是提升教师个人素养的有效路径，但不是说只要培训了就能收到我们预设的效果。还要看培训是什么样的、由谁来培训、培训什么。我们要让教师认识到培训的目的是提升专业素养。什么才是教师的专业素养呢？我认为，一是教师对自己所从事职业的认可度和对职业价值的理解，二是教师自身的专业技能和技巧。而这两方面的素养都是建立在教师自我需求的基础上的。培训教师，首先要让教师意识到自己的责任与职责，其次是了解教师在实际中遇到的问题和困难，再次才是学什么。教师培训的实质就是对教师的现状加以分析，站在教师真实的教育生活的角度理解做教师的酸甜苦辣。

近几年来，弋阳县积极尝试激发广大教师的内驱力，唤醒教师成长的渴望，点燃教师自我提升的原动力，助推教师主动向上向善。我们主要从做观念、做平台、做氛围、做服务四个方面落实教师成长，减弱和消除教师的职业倦怠，唤醒教师的职业存在感和自豪感。目前，一大批教师先后登上了省内和外省市讲台，成为弋阳教育的领跑人。

教师专业化成长和幸福指数的提升，助推了全县教育质量的提高和学生的快乐成长。这也使我们深刻地认识到，只有教师幸福，才有学生快乐。

评价指标应该加点儿料

区域教育的发展、学校和每个学生的成长都不可避免地会受到教育环境、教育生态、文化基因、家庭等多方面的影响。这些都是教育评价的要素。不考虑影响教育评价的基础条件，只考虑结果的评价是不能真实地反映教育效果的。

教育评价是教育行为的指南针。教育效果是长期的、可变的，且受多种因素影响。而当前的教育评价指标单一、量化、唯结果论，不仅不能客观反映教育真实的现状，还会使教育走向功利化、简单化、势利化，让教育者变成眼中无人、心中无爱的怪物。

教育的核心价值

教育的核心价值在于能给人帮助、引导和启迪，教育的绩效应该看变化。教育评价要立足于对人的价值、人性和人生三个维度的认识来确定。

人的价值是多元的，每个人的价值是不一样的。一个人至少应该做到以下三点：遵纪守法，具有公民意识；能自食其力，不给家人、朋友和社会增添不必要的麻烦；尽量让家人、朋友和你在一起时感到安全、快乐。如果能够做到这三点，这个人对人的价值的理解就没有偏离，至于他的成就、贡献、爱心则应根据他的认识和追求而定。

教育有教化之意，教化的目的不是让受教育者成为什么样子，而是让他健康、自由、自信地度过一生。

教育不能让人人都拥有完美人生，教育不会保证每个人都有非常好的结果，但它能为每个人提供发展的可能。教育评价应该引领教育者和受教育者真正面对社会、直面人生，不断地完善自我，成为更好的自己。

教育评价要考虑与教育相关的因素与条件，而不是仅仅看结果。结果是评价的重要指标，但评价首先需要考虑一个前置条件，这个前置条件就是教育的“进口”情况。

可是现在的一些教育评价并没有把影响教育的相关因素尽可能全面地考虑进去，“变化”不是教育评价的主要指标，而“结果”却成为教育评价的座上宾。

这种评价折射出教育唯一论、精英论和模型论的思维，没有让教育回归本原。因此，夸大教育功能、丑化教育行为、嘲讽教育现状的行为就自然而然地产生了。

名校、名师和特级教师的评比，就带有严重的歧视倾向。能获得这些称谓的学校和个人大多都集中在优质学校和生源优异的学校。能培养出精英固然值得肯定，这说明这些学校和老师付出了辛勤劳动，也具有相当不错的教育教学能力。

可有些团队和老师虽然没有取得耀眼的成绩，他们的学生也没有星光闪耀，成绩可能并不出彩，甚至连大学都考不上，但他们帮助失学儿童返回校园，让迷恋网络的孩子重新回到教室，让叛逆的不良少年静下心来重回家庭……请问：这些学校和老师可以成为名校、名师和特级教师吗？我不敢回答，也无权回答。而考核组和评委又有多少人会选择他们呢？

这是因为我们的评价出了问题，我们早已习惯用结果论英雄。看似非常正确的结论，其实却忽视了一个最简单的事实，就是评价无视基础、条件和环境，而一味强调结果。

我们应该清楚地认识到只有在相同的基础和条件下，才有可比性；只有评价目标多元化，才能让评价真正起作用。

教育评价不同于企业评价，也不同于环境评价和经济评价，因为教育效果不稳定，教育价值多元，教育难以量化，不易考评。教育评价要多元、包容，关注基础。

教育者要明确教育的实际功能和作用，不能一味迎合社会，为了一点儿可怜的“名誉”而放弃教育原本的价值；否则，教育不但会变味，而且离变质的日子也不会太远。

（原载2015年12月29日《中国教育报》，略有改动）

第五辑 做有温度的乡村教育

教育的魅力在于平等地对待每一个人，教育的成功在于不拒绝每一个人，教育的功德在于不放弃任何一个人。让乡村教育享受相应的待遇，乡村教育就会像乡村一样美丽，就会成为大家心里、梦里对家乡的念想，就会是中国基础教育中令人骄傲的一员。

帮乡村新教师就是帮乡村教育

读 10 月 7 日《中国教师报·总编七日谈》《多想想怎么帮“下乡”的新教师》一文，对总编辑刘华蓉对某山区县新教师离职现象的思考，以及新教师在乡村的几“缺”几“少”、如何落实《乡村教师支持计划(2015—2020 年)》、变“要你去”为“你要去”等观点，颇多感慨。

乡村缺教师是个不争的事实，乡村学校留不住教师也是客观存在的现象，乡村教师被动去乡村更是绝大多数地方教育行政部门不得已而为之的“下策”。我们弋阳县也面临着同样的困惑，但我们有几点尝试，对解决这类问题或许能起到一定作用。

生活化、家庭化的基础设施建设能有效化解新教师生活所需“缺”与“少”的问题。近三年来，我县建设或完善了 75 所村小点和村完小，在建设或完善中不仅考虑教育教学的需要，还考虑教师住校生活所需的基础条件，让教师有地方住、有东西吃，同时保证人身安全、信息通畅，基本化解了乡村教师因生活保障不到位而辞职、离岗的现象。

按区域和距离设立村小点和村完小教师的生活“驿站”。乡村学校规模较小，有些学校甚至只有一名教师，新教师会感到孤独与寂寞，这是乡村教师难以坚守的重要原因。我县在学校建设时就在距离不远的几所学校中选出规模较大、位置较为中心的学校作为这几所学校教师生活的“驿站”，为他们提供交通工具，让他们白天从“驿站”出发去上班，晚上回“驿站”吃饭、住宿。这样，乡村教师就有了更多同伴，就不会觉得孤独，同时这也能为他们提供更多、更优质的生活保障与交流机会。

搭建平台为新教师专业发展提供机会。我县开展了“叠山书院杯”系列教师素养展示活动，包括教育、人文、琴棋书画、音乐、体育及手工技艺等项目，力争让每位教师都有强项，都有兴趣，都有机会参与。为了让青年教师找到职业归属感，我县在教师培训、专业竞赛、评优评先等方面都尽量划分出青年教师专属区，以便让他们拥有更多参与和展示的机会。

不设置过多障碍阻拦新教师的横向和顺（逆）向流动。我县教师流动较为开放和人性化，横向流动多因家庭住址变更或成家所需，逆向流动数量很少，顺向流动一般都以考核成绩为标准。我们努力打通流动渠道，给每位教师流动的机会，不让任何一位教师失去流动的可能。

培训联盟让新教师快速成长，不再感觉迷茫。我县教师培训突出本土优势，培训前先了解教师的现状与需求，按需确定培训内容。以“身边的人帮助身边的人”和“身边的事感染身边的人”的理念开展培训，同时还不断变换授课者与学习者的角色——今天的授课者可能是明天的学习者，今天的学习者可能是明天的授课者。让优秀中年教师、老教师与新教师结成培训联盟，让他们在培训中学习，更在培训后实践。这种培训联盟是跨学校、跨年龄层、跨岗位、跨学科的互助、交流、合作平台，有牵头人，但是由教师自愿和自主选择参与。培训联盟在我县实施两年多来，取得了较好效果，教师的专业精神和专业素养得到大幅提升，新教师在教研教学竞赛、文章发表、班级管理和教学等方面，都取得了较好的成绩。

我县还分别成立了由行政推动、民间组织的五个专业联盟。有研究家校工作的家校合作委员会，有专门推动教师教学、教研专业成长的名师工作室，有共创全民阅读的教育梦·龟峰读书联盟，还有旨在提升班级管理和班级教育水平的班主任协会以及心理学协会。这些联盟立足教育，帮助教师，服务社会，本着自愿、自主、自由的开放态度，两年多来吸引了各级各类教师近2000人参加联盟活动，他们占到了弋阳教师总数的60%。青年教师参与联盟不仅可以提升自己的专业素养与能力，还能广交朋友。联盟成了青年教师生活、工作、学习的另一个家，而青年教师反过来又成为联盟的主力军和推进者。

乡村新教师的困难是客观存在的，要解决他们的困难，还需要从制度、待遇、环境几个方面来思考。如果大家持有这样的观念——拥有乡村新教师就拥有乡村教育的新希望，那么乡村新教师的困难就可以解决。

（原载2015年11月11日《中国教师报》，略有改动）

“留守”教师

留守儿童是中国改革开放后出现的特殊群体，这个群体的生存状态、成长环境、学习过程慢慢成为社会关注的问题，甚至成为社会问题。为此，国家专门出台了相关政策，成立了相关工作机构，社会、媒体、研究人员、教育部门也各尽所能，为留守儿童伸出援助之手。不知何时，另一个留守群体又悄然出现，这个群体就是“留守”教师。

当前农村教师有几“多”几“少”。女教师多，男教师少；想离开教育行业的教师多，坚守的教师少；无奈、勉强从教的教师多，真心喜爱教师职业的少；想以在农村任教为跳板的教师多，想待在农村任教的教师少；女教师恋爱成家遇到困难的多，选择机会和可供选择的空间少……“留守”教师更是如此，他们主要有两类。

其一，来自异地的“留守”教师。由于就读学校和其他原因，这几年来自其他县、其他市乃至其他省的教师比例逐年增大，占新招考教师近半壁江山。这些教师大多被分配在农村中小学，近七成被分配在较偏远的农村完全小学和村小点，学校距县城较远，加上交通不便，出入要花很长时间，所以他们一般少则一个月多则半年才去县城一趟。学校一般规模不大，教师不多，除了家在附近的教师，一般只有一个外地教师。每天学生离校后是住校教师最难过、最悲摧的时候，他得独守空校。尤其是周末，他更加寂寞。人生地不熟，除了同事、学生和家长外基本没有熟人，另外，他也难以融入农村的生活环境和文化氛围。即使能够融入，也难以找到相同、相近年龄的“话友”，因为农村的青壮年基本都外出务工了，只剩下留守儿童和空巢老人。“留守”教师的内心到底如何？这真的需要社会、政府等相关部门加以关注与研究。

长夜为何长？周末为何不快乐？是因为有许多东西缺失了——生活条件缺失、生活环境与氛围缺失、精神与内心交流缺失、亲情与友情缺失。这种缺失使得教师生活迷茫、精神荒芜、工作疲惫，从而造成教师社会交流与认识匮乏、家庭生活与意识缺位、对教育认知不足等。而这又会直接影响教育，从根本上影响教育的健康发展。

长此以往，“留守”教师要么想尽办法逃离，要么沉寂于无奈的生存状态，要么积蓄能量等待爆发。异地“留守”教师的真实生存状态令人心疼，令人担忧。

其二，由留守儿童成长起来的“留守”教师。这类教师拥有一个没有家味的名义上的家。

他们不回家不是因为时间关系，也不是因为交通关系，而是因为心理距离。他们有时间、有条件、有近在咫尺的家，可就是难以回家。“每每看到同事放学回家、周末回家、放假回家，那时是我心里最大的煎熬。”一位本地“留守”教师说。“我经历了十多年的留守生活，现在很难适应常态家庭生活，父母的亲情让我感受不到温暖，父母的关心成了礼貌的问候。我甚至都不知道以后成家后如何与另一个人相处。我一个人时渴望有家，但真正谈婚论嫁时又惧怕，我不是不想要家，是非常需要，只是担心自己面对另一个人时不知如何交流。”

教育不仅是知识的传播，更是育人的科学。教师作为教育的实施者，作用是难以替代的，其知识结构、人文情怀、公民素养、对生活的理解、对社会的认识等对教育的影响很大。因此，“留守”教师成长过程中情感、亲情、家庭生活的缺失所带来的影响不容忽视。

关注“留守”教师的生活现状，不仅是关注这个群体本身，还是关注这个群体的相关群体——他们的学生及其家长。这个群体还在增大，如何帮助他们是我们必须面对的问题与工作。

做乡村教育与乡土文明的守望者

在中国城市化的进程中，乡土文明逐渐凋敝在时光的车轮下，沦为模糊的记忆与遥远的想象。乡村生活与乡土文明，历经几千年的积淀，作为中国人精神家园的重要组成部分，现在逐渐变得黯淡，成为萦绕在国人心头挥之不去的忧伤。习总书记在谈及农村建设的时候，以一句“记得住乡愁”寄托了他对乡土文明传承的愿景和期待。李泓冰先生曾经说过：“对遥远的乡村来说，每一所学校，是一堆火；每一个老师，是一盏灯。那光虽是暗淡，却明明灭灭地闪了几千年，是烛照中国乡村的一线微茫、温暖、踏实。”乡土文明的继承和发展，根在农村，责任在乡村教育，希望在乡村教师。

乡村学校是乡土文明的命脉所系。弋阳县近几年来通过大力发展乡村教育，推动城乡教育均衡发展，积极探索和创新乡土文明传承，取得了一定成效。

一、发展乡村教育，成就乡村教师

顾明远先生说：“繁荣乡土文明，关键在乡村教师。他们与乡村文化密切相关。村里没有教学点，没有教师，那么这个村也就没有文化了。乡村教师有水平，就可以挖掘和保持当地的文化。所以，培养教师是第一位的，我们必须尊重教师，相信教师，依靠教师。”弋阳县目前在编教师有 2997 人，其中乡村教师就有 2100 人，如何让这样一个庞大的群体下得去、留得住、教得好，成为点亮乡土文明的火光？弋阳县通过营造氛围、改善条件、搭建平台，激励乡村教师专业成长，成就乡村教师的职业梦想，让乡村教师体面而有尊严地工作。

建美乡村学校，留住乡村教师

弋阳县自2013年以来，对乡村学校建设进行重点投入，提出了乡村学校建设“校园规划科学化、校园建设标准化、校园文化品位化、校园生活家庭化”的“四化”思路。根据学校的需求，按照《江西省普通中小学基本办学条件标准》，遵照建一所成一所的原则，对每一所学校进行科学规划。2013年秋至2015年春，全县用于农村校舍新建、改建、维修的资金达2.68亿元，新建、改建校舍面积10.56万平方米，维修校舍面积682万平方米。新建学校2所，改扩建学校4所，15所学校新建了教师周转房，58所学校新建了食堂，50多所学校和教学点进行了标准化建设，5所学校新建了塑胶操场。通过两年的建设，我县所有教学点都实现了标准化。自2013年开始，弋阳县统筹资金约1528万元，用于教育信息化硬件设施和配套建设。至2015年6月底，全县中心小学以上学校实现了宽带网络校校通（带宽达到30M，县城中小学校带宽达到100M）、教育资源班班通、学习空间人人通。

在弋阳县不同乡镇的山间田野，经常可以看到风格迥异的乡村学校，如清湖乡汪家完小、樟树墩镇直源完小、漆工镇林背教学点、湾里乡十全教学点，无处不是绿篱青草，香樟金桂；错落有致的教学和生活用房，点缀在乡村的青山绿水之间。乡村学校应该是乡村文明的高地，让学校成为村落和社区最漂亮、最干净的地方，已经成为弋阳教育人的共识。很多学校努力为乡村教师的工作、生活改善条件，通网络、通Wi-Fi、通热水，真正让乡村教师能够在乡村学校安心工作，留得住人，也留得住心。

发展乡村学校，成长乡村教师

弋阳县教体局把乡村学校的发展作为构建均衡教育的重要突破口，用学校的改变去成就教师的改变，反过来用教师的专业成长推动学校的专业发展。弋阳县赋予了乡村学校充分的办学自主权，在资金、项目、资源配置方面给予倾斜，营造和搭建了教师专业成长的多个平台。通过唤醒、点燃、激发乡村教师内心向上和向善的追求，发掘乡村教师自我成长的潜在需要，让每一个乡村教师都有踏上跑道的冲动，把他们推向舞台中央，让他们在聚光灯下展示才干。朱坑中心小学的陈朱彩老师、曹溪镇外洪教学点的张庆录老师、邵畈学校的程璐老师、叠山学校的江莎莎老师、朱陇村完小的方佬儿老师、中畈乡汉墩村完小的吴惠英老师等就是其中的杰出代表。

弋阳县教体局着力打造了五大民间协会。五大协会分别有自己坚定的拥趸和粉丝，经常举办的活动，积极向上、阳光热情的氛围，民主、轻松的活动体制，吸引了大量老师参与。老师们可以登上叠山书院论坛，论道教育；可以走出去，与全美年度教师对话；更可以在家门口享受来自全国教育名家、学者的精神盛宴。乡村教师成长了，就会以更好的姿态去守护和浇灌乡村的孩子，为未来乡土文明传承的主力军播下希望的种子。

办优乡村学校，铸就乡村教师

弋阳县各级各类乡村学校大力推动教师培训，推进课堂教学改革，开发学生生活课程，开展社会实践活动，让每一个师生都找到自己成长的兴奋点。曹溪中学、三县岭中学、朱坑中心小学、叠山学校等乡村学校管理有规范，办学有特色，活动有创新，文化有品位，教育教学质量全面提升，与城镇学校相比毫不逊色。与2012年相比，2015年弋阳县乡村学校学生增加了5.09%，城镇学校学生减少了5.09%。这两个5.09%，正是弋阳县发展乡村学校，均衡城乡教育取得的可喜成果，也坚定了乡村教师对乡村教育发展的信心，铸就了乡村教师对乡村教育职业生涯的信念。我有幸受邀请参加第二届“中国教师·敬德会讲”，在发言中我阐述了以下观点：“乡村教育的兴旺，让乡村学校成了乡村的精神家园、文明乐园，直接带来了乡土文明的繁荣。而乡村教师用良好的校风影响家风、改变民风，促进了乡土文明的发展，也唤醒、传承和引领了乡土文明。”

二、推进家校合作，营造乡村文明

作为江西省家校合作两个县级实验区之一，弋阳县全面推进家校合作。弋阳县的教育者认为，教育要为学生的终生幸福奠基，要把长期处于隐性状态的消极力量转化成有组织的建设性力量。特别是在乡村学校，家校合作有着更为广泛的舞台。我们让农村的家长到学校值日、监考，为学校提供义务劳动和志愿服务，参加学校组织的各项活动，参与学校的决策，帮助学校解决发展中遇到的难题。湾里乡朱陇村完小家委会主任张四龙，是一名年过花甲的老农，他把学校的事当成自己家的事，一有时间就去学校除草剪枝，他说就是喜欢看孩子们朝气蓬勃的样子。朱坑中心小学评选最美育人家庭，让农村的人民群众意识到“家有读书娃，成长靠大家”。全县很多乡镇学生的家长和社会人士自发成立爱心助教基金会，如上童爱心助教基金会、朱陇教育发展基金会、遇春基金会等，用社会的关爱和关心去传播乡村文明风尚。我始终认为，当乡村学校把每项工作的进与退都变成家长的进与退时，乡村学校的发展就会走在前进的路上。

通过让乡村的家长参与学校的各项活动，以“天地君亲师”为核心的乡土伦理理念得到提振，“耕读传家久，诗书继世长”的传统观念得以捡拾。弋阳县乡村学校的教育设施，如教室、图书室、艺术室、体育场所等在课余时间向农村居民开放，学校在文化普及、科技传播、文明建设中发挥积极作用，在文艺宣传、文娱活动方面也积极和家长、村落、社区展开合作。朱坑中心小学的家校合作心连心演出，中畈中学的家校大舞台走村入户，三县岭中学和三县岭陈屋民间文艺协会年度广场舞联袂汇演，都是弋阳县乡村学校对接乡土文明，传播乡村文化的积极实践。乡村学校、乡村教师成为重构乡土文明，弘扬文明新风的主力军。

三、植根乡土文化，坚守乡土文明

弋阳在东汉建安年间就已设立县治，历史悠久，文化底蕴深厚。它有国家级非物质文化遗产、位列明代戏曲四大声腔之首、被誉为中国古代戏曲“活化石”、高腔戏曲鼻祖的弋阳腔，县内至今还保存着古戏台50多座，曹溪镇现今依然保留了会戏的传统。很多乡镇村庄每逢农闲岁末，都会举办一些有浓郁地方特色的民俗活动，比如打年糕、熬米糖、闹元宵、吃清明、过立夏、祭冬至，等等。弋阳县各级各类学校自觉把学校教育教学活动根植于乡土文化，把乡土文明的符号和记忆迁移进课堂，成为学校课程的有机组成部分。弋阳腔戏曲进课堂，弋阳二中艺考班专门设立了弋阳腔选修课程，邀请弋阳腔剧团艺术家授课；在叠山书院论坛上，弋阳高腔响遏行云。曹溪镇每年举行会戏时，万人空巷，给学校安全管理带来隐患和压力。曹溪中小学在经历严防死守后转变思路，将参与会戏作为乡土教育课程的重要组成部分，组织学生欣赏会戏，并对会戏历史和传统进行梳理、研究。许多乡村学校因地制宜，把当地民俗、民间文化植入课堂，生活课程种类繁多，农耕文化进校园、劳动实践课程方兴未艾。学校成为当地乡村移风易俗、文明传承的桥头堡，小手拉大手，共建洁净、美丽乡村；大手牵小手，同创悠然、雅致家园。

乡村教育只有根植于乡土文化，才有取之不尽、用之不竭的力量源泉，淳朴、向善的乡村文明能够照亮乡村教育，也必将在乡村教育的坚守下吐故纳新，得到新的发展与传承。梁漱溟认为乡村的“精神破产”是中国文化和社会生活急剧变动所引起的价值判断丧失造成的，梁漱溟开出的解救乡村“精神破产”的药方是“启发农民的智慧”，让他“认识古人的道理，让他已失去的合理观念恢复起来，把传统的观念变为自觉的观念”。弋阳县教体局提出用良好的校风影响家风、改变民风的愿景，正是基于用教育改变社会的理念。我们要充分利用乡村学校这个平台和基地。乡村学校不应再是文化的孤岛，而要成为当地村落的精神中心和文明高地。这样，乡土文明就不会断裂，就一定能够得到延续和发展。

“只要坚持，梦想总是可以实现的。”习总书记在2016年新年贺词中如是说。乡村教育如此，乡土文明亦如此。

（原载2016年第2期《教育家》，略有改动）

莫让乡村教育再孤独

乡村教育是我国基础教育最为基础的部分，可以说，没有乡村教育的强大，就没有基础教育的成功。

乡村教育覆盖面广、涉及人口多，乡村环境、文化、人的观念等相对落后，导致乡村教育薄弱，从而影响到教育的功能与效果。

缺乏“观众”的乡村教育暗淡无光。没有“观众”的乡村教育普遍规模较小，对外交流不便，相关家庭也关注不够，往往自编、自导、自演、自看“独角戏”。教师没有热情，学生没有兴趣，一切墨守成规，自然发展。

缺少“关注”的乡村教育需要点燃。失去关注的教育无激情，无目标。教育行政部门应该为乡村教育搭建更多展示、交流的平台，为他们寻找更多“观众”，给予他们更多关注，让他们感受到同伴和自我的存在。

缺少“关爱”的乡村教育需要“走出来”。近年来，国家和地方加大了对乡村教育的投入，同时也加强了对乡村教育的研究与关注，不断引导全社会认识到乡村教育不仅关系到乡村孩子的成长，还关系到未来社会结构的调整。正是基于这些认识，社会对乡村教育的关爱持续升温。但由于乡村地理位置偏僻、交通和通讯不发达、生活环境较差、文化观念落后等诸多实际问题，以及乡村教育历史欠账过多等，乡村教育与城镇教育之间的差距依然不小。

要给予乡村教育更多关爱，应从四个方面着手。首先，要加强对乡村教育认识与现状的研究；其次，要综合考量对乡村教育的投入，而且投入要有持续性，不能靠单一资金支持；再次，乡村教育要与乡村建设和乡村文化相结合；最后，乡村教育更应关注乡村教师发展和乡村学校内涵建设。

当前，学生的家庭生活缺位，是乡村教育最大且最难弥补的短板。乡村学校设施不足，可以加大投入；缺少教师，可以增加教师编制和教师数量。而学生的家庭生活缺位却是复杂的社会问题。首先，家庭生活压力大，许多家长外出务工，导致家庭教育缺位、失位与不足，导致大量留守儿童出现。其次，家长对家庭生活的认识受其认知水平、周边环境和区域文化等影响，他们缺乏建设健康家庭生活的理念与能力。此外，家长接受教育的程度，也会影响家长对教育的认识水平和关注程度。

乡村教育如同默默生长在路边、河边的小草，一直没有得到应有的关注。如今，我们发现了这些小草，就不能再让它们孤独，要共同行动起来关爱它们，温暖它们，让它们生长得更好。因为它们是我们生活的一部分，一直与我们在一起。

（原载 2016 年 1 月 20 日《中国教师报》，略有改动）

乡村教育薄弱是因为没有获得应有的待遇

提出教育均衡，是因为我们开始正视乡村教育是我国基础教育短板的现状。现在，无论是国家还是教育主管部门，抑或是教育行业内的专业人士，都已经认识到这一现实问题。但造成乡村教育薄弱的真正原因是什么？当前的政策措施和理论研究是否充分、全面？乡村教育在现有的“关注”与“帮扶”下能否走出薄弱地带？这些问题还需进一步梳理。笔者想就几个困惑和大家交流，以便大家深入了解乡村教育的现状，寻找乡村教育发展的策略。

第一，乡村学校教师编制为何少于城市学校？早在2001年国务院下发的基础教育教师编制中，就明显地划出城市、县镇和农村三类，且教师配制数逐类减少。以小学为例，城市师生比为1∶19，县镇师生比为1∶21，农村师生比为1∶23。很显然，在政策上就有意加强和重视城市教育而忽视农村（乡村）教育。其实，乡村学校人少点多，村完小和村小点的成班率很难达到标准，学校规模不大，但常规事务管理工作并不少，教师可调配的空间小，按实际本应比城市学校师生配比要高。这一政策的实施，大大加快了乡村学校的凋敝速度，使得本就先天不足的乡村教育更加落后于城市教育，使得广大农村的教育大面积弱化乃至退化。

一所学校连教师都不够，可想而知学校日常的教育教学是何种状态。教师包班，甚至进行复式教学。教师成了地地道道的计时工，每天上班，无一时歇息，过着和学生一样的校园生活。教研教改、课程建设、外出培训、现代信息技术等或许只能存在于贴在墙上的纸上。

代课教师在乡村学校仍然不同程度地存在着。乡村教师本就是乡村教育发展不佳的重要因素，乡村教师的职业倦怠明显，教育教学理念陈旧，教育教学手段单一，他们缺乏创新求变的原动力和氛围；加之长年超量工作，疲于应付，难免出现以工作量代替工作效果的认识误区，再加上教师自我提高、自我培训意识淡薄，乡村教育一直处于低水准的看管式状态。然而，教师强则教育强，教师怠则教育怠。

第二，乡村教师的实际收入为何低于城市教师？国家、省政府加大对乡村教师的扶持力度，设立了乡村教师特殊津贴，对稳定乡村教师队伍和提升乡村教师的工作积极性有着积极作用。这些帮扶政策与其说是物质上的，不如说是导向性的，体现了政策的关爱。

城镇化进程带来了教师工作和生活分开的现状，乡村教师往返车费及生活开支往往多于乡村教师津贴。因此，城市教师的实际收入大于乡村教师是一个不争的事实。

乡村学校留不住教师，既有教师自我生活与发展的主观需求因素，也有工作环境不佳、家长对教育和家校合作不重视、留守儿童与家庭教育不当使得教育难度加大等客观因素。所以，在可见、可用的待遇（包括经济、环境、教育生态等方面）方面明显提升，也许是留住乡村教师的一条路径。

第三，乡村学校的配置和设施为何不如城市学校？随着建设标准化校园、改造薄弱学校等一批项目落地，乡村学校的办学条件大大改善了，其中一部分学校成了当地最漂亮的地方。然而，由于设施、设备长期缺乏，即使政府每年都加大对乡村学校的投入力度，一时也难以满足教育教学的需求，乡村学校与城市学校之间的差距仍然很大。

导致乡村学校配置和设施不如城市学校的原因是长期投入不足，投入不足是因为以县为主的管理机制不健全、县级财政财力不够。乡村学校的教育生态、环境，社区对教育的认可，乡村的家庭教育等都不如城市，这些都会制约乡村教育的发展，增加乡村教育提升的难度。如果教育可配置资源又跟不上，这对本处于发展劣势的乡村教育来说更是雪上加霜，振兴乡村教育无疑就会困难重重。所以，我们对自然条件不佳、教育生态不良、教育氛围不浓的乡村教育应该给予更为优质的教育教学设施与设备，从而使落后的乡村教育有得到较好发展的可能。

第四，政府加大投入是真的加大还是弥补原来投入的不足？政府加大对乡村教育的投入，对此，有人质疑投入与产出是否匹配。首先，我们必须弄清楚现在政府对城市教育投入大还是对乡村教育投入大。其次，要搞清楚近几年对乡村教育的投入是政府一如既往的持续投入，还是弥补性投入。最后，要核算城市教育与乡村教育的成本，既要计算直接投入，也要计算间接投入，还要计算看似与之不相关联的社会公共事业投入，如交通、供水、排水、网络等投入。

只有不断地加大对乡村教育的投入，才能让乡村学校的教育教学设施设备得到根本性改善。

改变和提升乡村教育不仅可以帮助乡村发展与革新，还可以提高全民的素质与素养。

乡村教育薄弱有着“先天因素”，这需要我们教育者立足实际，发挥乡村特有的教育基因，转不利因素为有利资源。另外，我们不能人为地让优质资源集中在一处去帮扶那些已经走在前面的人，而要花更多心思和精力为乡村教育尽一份心、尽一份力。只有这样，乡村教育才有可能不再是基础教育的短板，而成为基础教育的新亮点。

教育的魅力在于平等地对待每一个人，教育的成功在于不拒绝每一个人，教育的功德在于不放弃任何一个人。让乡村教育享受相应的待遇，乡村教育就会像乡村一样美丽，就会成为大家心里、梦里对家乡的念想，就会是中国基础教育中令人骄傲的一员。

化解县城学校之“挤”和乡村学校之“空”

近几年，我国的城镇化进程非常快，在教育领域表现为乡村生源大量流向城市，打破了城乡教育固有的格局。而这一现象的背后是乡村教育的日渐衰弱和城市教育的巨大压力。如何看待这一现象，决定了未来县城教育的发展方向。

面对这一难题，弋阳县县委、县政府审时度势，结合新型城镇化的要求，立足实际，综合考虑城市规划、城市公共服务等，着眼于县域教育未来的发展，做出了城乡一体化协调发展规划：要满足新型城镇化居民对教育的需求，保证真正需要进城就读的孩子一个也不落；要提高乡村教育质量，办好乡村孩子家门口的学校。

摸清真实需求，为决策寻找依据

我们先对全县学校总量、学生分布情况和学生走向、未来 5 到 10 年学生规模进行了摸底调研。

县域教育是以基础教育为主的教育体系，一般是高中（含职业学校）设在县城，初中以乡镇为单位设在中心村（乡镇、集市所在地），小学在村委会、大自然村和偏远自然村设立。

但现状却是这样的：县城中，无论小学、初中都人员爆满，学位严重不足，学校建设速度一直落后于百姓需求，可以说建一所满一所。毫不夸张地说，县城学校校校都是大规模，班班都是大班额。大规模的学校已成为学校教学质量和优质校的代名词。反观乡村学校，频频出现

“空壳校”、一师一生学校、一师几生学校以及大量不足百人的中心校。乡村学位富余、班额过小成为乡村孩子的“特殊待遇”。

弋阳县教体局没有将其笼统地归为城镇化的结果，而是对学生进城就读的原因进行了大量调研，通过梳理分析，发现主要有三类：一是父母在县城就业或者购房，二是受城区优质教育吸引，三是受到利益驱动下的诱导。

摸清了真实的需求后，具体的决策、措施就有了依据和立足点。针对这三种情况，我们在县政府指导下联合多部门制定方案，以化解县城学校之“挤”和乡村学校之“空”。

按城镇化进程同步增加学位，确保就近入学

随着新型城镇化建设进一步加快，城镇人口增加，对教育的需求量也随之增加。为了不让教育成为新型城镇化建设的短板，按城镇化进程同步增加学位，保证居民就近入学和划片就读成为不可回避的事情，也是教育应有的职责。

对第一类学生，我们要确保他们像户籍所在地的孩子一样就读。这既是落实国家相关政策，也是县委、县政府推进新型城镇化建设，服务和方便百姓就学的实际需求。

面对这类学生，需要做的大量工作是甄别。为此，弋阳县明确了随迁就读的条件，即需要提供房产证或购房合同及房管局备案材料。甄别过程涉及公安、工业园区、市场监督和管理局、税务局、房管局、城管局、工信委、招商局、自来水公司、供电局、镇政府、居委会、教体局等二十多个部门，相关部门出示相关证明，确保符合条件且不落下任何一名学生。三年来，弋阳县做到了让所有这类学生都在县城就读，同时最大限度地防止了投机现象。

提高乡村教育质量，让学生用脚选择

对第二类学生，我们既没有简单地“阻”，也没有想当然地“疏”，而是站在家长追求优质教育的需求角度去思考。在规范城区招生的基础上，做好疏阻同步、疏阻互补、疏阻结合。在此基础上，我们提出“让弋阳的孩子在家门口接受良好的教育”的工作目标，这对教育支出、教师配备的方向都产生了重大影响。

现在城市中一些所谓名校、名师，很多不是在自然状态下自己成长成的，而是政府、教育主管部门以及教育从业人员直接或间接打造出来的，是利用区位优势、政府资源集聚和优质家长、学生打造而成的。当前，教育行政部门、家长、社会、媒体对教育主要是以结果论英雄。这种不考虑“进口”，只考虑“出口”的评价违背了教育的科学、均衡发展。

当务之急，是要尽量减少对优质名校的锦上添花式投入，不再给示范校超标准配置硬件，不再建设豪华的新学校，而是让乡村教育重新获得平等的关注。我们教体局一方面扩大城区学校范围，把郊区学校纳入城区学校一同招生。对要求进城追求优质学校的学生进行随机抽签，抽签确定该生就读学校，不得重新择校（包括县城内所有学校）。另一方面，把乡村学校办成家长认可、理解和参与的学校，这样家长才会用脚做出选择，才不会舍近求远。

乡村学校薄弱的原因很复杂，可以归结为以下几个方面：教育设施设备投入不足，师资配置不够、不强，学校管理不规范，学校课程建设缺失，学校办学理念落后，学校文化不深厚等。近几年，弋阳县将攻克这些问题作为教育工作的重中之重。通过加大对乡村学校的投入，保证国家、省、市对基础教育的投入，尤其是不折不扣地落实对乡村教育的改造，同时加大和倾斜县级投入，使乡村学校无论是在学校建设还是在教育设备方面都发生让老百姓看得到、摸得着的变化。同时，保障和提升乡村教师的质量、数量和待遇。从下得去、留得住、教得好三个方面进行。“下得去”就是从分配源头确保教师能按要求分配到需要的地方，“留得住”是从教师待遇、生活和工作环境方面予以保障，“教得好”是从教师培训、队伍建设、平台建设、多样激励、全面监督几个方面入手。帮扶乡村学校内涵式发展，挖掘乡村文化，结合乡村文明和民俗，从以学校文化与历史为基点的学校课程建设、学校文化建设、学校课堂活动建设等具有乡村特色的几个方面来改善乡村学校的困境。

从此，乡村学校有了更高、更大的发展平台，不再是口头上的宠儿、实际中的弃婴。通过三年的努力，弋阳县乡村学校硬件建设、师资队伍建设和学校内涵建设都得到了大幅提升，有些乡村中小学在教学质量、学校声誉、办学理念、课程建设、教师能力和教学改革等方面都超越了城区学校。

整治不法利诱，规范教育环境

第三类学生进城，往往源于信息不对称，他们被一些家教、托管、辅导机构和教育内部违规失德人员误导，往往带有很大的盲目性。对此，弋阳县采用的是服务与帮助、打击与治理同步的解决方法。

一方面，由乡村学校向学生客观地宣传本县教育实际，分析利弊，使家长对进城入学有更全面、更清晰的认识。

另一方面，出台了《弋阳县规范城区招生方案（义务教育段）》，实施规范招生、就近入学，打击招生中的谋利行为。该方案不仅有县委、人大、政府、政协四套班子的顶层设计，也有纪检、公安、房管、人事、建设、城管、街道、自来水、供电、教育等十多个部门的共同参与，制定时立足实际，依据法律法规，充分征求意见，面向社会；实施前广泛宣传，尽可能地让更多人了解和认可，并告知全面的要求、步骤与程序；实施时公开透明，及时反馈、责任到人、个人无权、建档备查、倒查追责。对违法违规托管、补课进行整治，尤其是对以进城就读为诱惑的行为进行专项打击。同时，规范招生程序，对违规招生的行为发现一起查处一起，让那些谋利、谋私行为无缝可钻、无门可挤。这不仅减轻了招生压力，也净化了教育生态。

三年下来，分类治理的成效是突出的。

弋阳县城区学校瘦身，学生数不断下降。在全县入学人数增加的情况下，城区中学人数下降了 27.51%，城区小学人数下降了 14.09%。城区学校大班额得到有效控制，初中从原来班级平均 72 人，最大班额逼近 90 人大关，变成现在的班级平均低于 55 人，最大班额不到 58 人；小学从原来班级平均人数 70 人，最大班额也同样逼近 90 人大关，变成现在班级平均低于 60 人，最大班额不到 63 人。

与此同时，乡村教育的发展势头迅猛：在校学生大幅增加，大量在城区就读的学生“回流”，不少乡村学校在两三年时间里学生人数翻了一倍。这种转变启发我们：乡村教育不是薄弱的代名词，乡村教育也可以成为县域教育的亮点。

（原载 2016 年第 12 期《人民教育》，略有改动）

第六辑 学校因何而美

学校之美源于学习美，学校之美源于交流美，学校之美源于互助美，学校之美源于明理美，学校之美源于改变美。

由放风筝想到的……

前不久，有位朋友跟我讲述他第一次放风筝的事。他说："风筝放得好不好，风是关键。没风，飞不起来；有风时，如果风太大，风向不断变化，就很难把握……"

听到这儿，我不由得想到教育中的一些问题和现象，其中不少有类似风的困扰，比如学生的学习习惯有待提高、学习基础不一、学习目标不明、家庭教育缺失、社会对教育的认可度不高、教育评价滞后等，这些问题都会影响教育的发展。勇于面对现实是教育发展的基础，只有这样，才可能改变，才可能进步。

要允许存在差异。学校是集体教育和个性化发展的场所。无论教师还是学生，都是活生生的个体，他们的成长经历、学习效果、家庭教育、文化根基不尽相同，所以他们在认识、学力、能力等方面都不可能处于同一水平。面对不同的个体，我们需要有充分尊重差异的勇气。

没有差异是理想的虚幻。有时学校不得不用同一标准进行考评，但要有面对差异、承认差异和允许差异的心理预期。否则，评价不仅不能促使进步，反而会制造更大的差异。允许有差异，其实也是尊重规律，尊重当下，尊重个体的需求。

多样化、多向度、多层次评价，是面对差异，帮助全体，促进全面发展的策略。这样的评价能让每个人发现自己的不足，展示自己的亮点，全面认识自己，给自己一个较为客观的定位，帮助他们寻找更为适合他们发展的路径与方向；能让每个参评人既看到评价结果，又看到自己变化的过程，从而避免窄化、单一的结果评价，切实起到帮扶的作用。

教育评价是希望参评人在被评价的过程中正向发展，所以，推动正向变化应是评价的关键要素。只有关注变化，才可能抓住评价的真正目的；否则，评价只能沦陷为“定性”与“定级”的工具，这样就将失去其原本的意义。

差异是客观存在的，差异是必须面对的，差异不代表后进。

要借助差异。个体差异是客观存在的，学校之间、城乡之间、教师校长之间、学生家庭之间都存在一定的差异。面对差异是教育文化认知的基础，没有这种基础，教育就有可能走入认知和评价的歧途。我们会埋怨差异，指责差异，抱怨差异，甚至仇视差异。这是因为我们不能正视现实、正视自然、正视差异。差异不是前进的拦路虎，也不是发展的绊脚石，而是前进与发展的资源。

群体中的个体差异，是团队发展的最大资源。差异是团队内再生动力的基础，是团队成员自我定位和自我努力的助推剂，是团队多样性和丰富创造力的源泉，更是团队管理者取之不尽的资源。

如何借助差异推动正向发展，考验的是管理者的眼界、胸怀、能力与智慧。把差异看作团队的短板时，差异就是包袱，就是负能量；制止或杜绝团队中的差异个体和现象时，差异就是阻碍团队发展的反向力量；把握、驾驭不了团队差异时，差异就会变成追求各自利益的小团伙；看不到差异背后的原因以及差异的作用，不能让差异变为资源为团队共同愿景服务时，差异就会变成垃圾。

差异是管理资源，是发展平台，是工作助手，是成长机会。

要丰富差异。差异的存在表示有多种可能，丰富差异就是面向全体学生。

让差异得到丰富，有很大益处。就个体来讲，可以得到全面提高；就团队而言，可以扬长避短，更全面、更立体、更多元地发展。

如同放风筝一样，因为有风，教育充满了各种困难、各种可能、各种希望。这是教育应有的面目。也正因为有风，教育才会有更多机会，才会充满价值。

（原载2016年3月16日《中国教师报》，略有改动）

能和学生一起学习的老师是好老师

什么是幸福？有人说是拥有一个好家庭，有人说是交到一群好朋友，也有人说是遇到好老师，等等。老师，对一个人的成长有非常大的影响。什么样的老师才能称为好老师呢？敬业爱岗的是好老师，德高识广的是好老师，爱生如子的是好老师，勇于创新的是好老师……可谓“仁者见仁，智者见智”。笔者认为，能和学生一起学习的老师才是好老师。

老师是教学生“学会”，还是教学生“会学”？“同学们，会不会呀？”“同学们，有没有听懂呢？”这类问话在时下小学到高中的课堂上出现的频率较高，是老师判断学生学习状况和学习效果常用的方法。它们可以折射出教师的教育观念——上课的目的是教学生“学会”，而不是教学生“会学”。正是因为这一教育理念，我们课堂上的主宰往往是教师，上什么、怎么上、什么时候做、做到什么程度，全由老师决定，学生只是课堂的被动参与者。课堂的基本模式是“我讲你听”、“我出题你来做”。这种模式下的课堂，其教育哲学是“我讲清楚了，你就听懂了”、“我分析对了、透了，你就理解了、会了”的教师主体论。

教师的教是为了学生的学，没有学生的学，教师的教就毫无价值。教与学是相互的，但也是不可替代的。教学生“学会”只是站在教师的角度思考学生的学，我们还需要站在学生的角度去思考学。只有学生“会学”了，他才真正有可能“学会”。学生“会学”包括学习能力、学习兴趣、学习习惯和学习态度等各方面。教师不能只停留在学生“学会”的层面上，还要向教学生“会学”的目标努力。

教师是教学生“不会的”，还是教学生“学不会的”？有些教师下课后甚至放学后被学生围住问问题，晚自习结束时也经常被学生缠住问问题。这种情况下，教师虽累但高兴，因为学生有问题了。这固然是件好事，可我们教师是否想过：学生的问题是“不会的”还是“学不会的”？它们有区别吗？它们不但有区别，而且区别很大。学生有“不会的”就问，说明他们没有思考，更没有努力尝试，因为知道问题的答案远没有弄清问题本身重要。解决问题的目的不在于找到答案，而在于寻找答案的过程。这个过程就是学习。“学不会的”是经过自己努力仍然找不到答案的问题。如果这样的问题得到老师的帮助，学生所得到的就不仅仅是答案。教师一定要帮助学生解决他们自己“学不会的”的问题，而不要帮助学生解决他们“不会的”问题。

教师是想办法让学生会听，还是想办法让学生会问？会听和会问在学生学习过程中是递进关系。没有会听，就很难有会问。在现实教学中，好多教师过于重视学生会听，而忽视或淡化了学生会问。然而，会听的学生最多是一名很棒的模仿者，而会问的学生则可能会成为一名出色的原创型人才。听只是知道、了解、选择，问则是质疑、思考、追究。培养学生会问的能力能挖掘学生质疑和创造的能力，能培养学生自主学习和自我修正的能力，而这些能力正是教育所追求的目标。

作为教师，我们要树立教学相长的辩证思想。只有树立终身学习的观念，信奉“三人行，必有我师焉”，我们才会成为和学生一起学习的好老师。

教育随感

1. 张贴着伟人头像、名人名言的校园确实让人敬仰，但贴有师生笑脸和师生体验文字的墙面更让孩子们感到亲近。

2. 教育子女如同一次旅行，出发前要确定旅行目标，了解情况，做好准备。但无论准备工作做得多么充分，在旅行过程中总会遇到没赶上车、住宿条件不好、落了东西等这样或那样计划外的事。于是，有些人就埋怨、责怪，甚至怀疑自己……但这都无济于事，我们能做的只有调整心情，去面对和化解。只要坚持目标，你就能享受到旅行的快乐。

3. 春天来了，天气按理该暖和起来了，小草按理要长出嫩黄的叶子了，光秃秃的树枝按理该换上养眼的绿叶子了。可是一天、两天、三天……天气还未暖，小草还未青，树枝还未绿。有一天，突然天气变暖了，小草青了，树枝绿了。教育又何尝不是如此？有时，我们缺少的不是爱心，也不是方法，而是耐心。

4. 教育是一杯茶。刚冲泡的一杯茶，远远看去冒着丝丝热气，走近闻到阵阵清香，但始终不端起茶杯，这如同社会对教育的认识。端起茶杯，既闻到清香，又感到茶热，但并未张口喝一口茶，这如同有些政府部门对教育的认识。双手捧起茶杯，吹开茶叶和飘香的雾气，轻轻地抿了一口，这如同学校对教育的认识。茶凉了，人渴了，大口地去喝茶，这如同家长和教师对教育的认识。只有茶杯，从放茶叶、洗茶、泡茶到品尝茶香、茶味，以及茶热、茶温、茶凉、茶冷的全过程，都体验到，这如同学生对教育的体会。可又有谁听过茶杯说茶呢？

（原载 2014 年 7 月《教师博览·原创版》）

争论中的变化

有关河北衡水中学（以下简称“衡中”）的讨论从未停止，2014 年的讨论更有向讨伐转变之势。

学校一方固守阵地，对学校管理、教育教学、招生持肯定态度，认为自己的办学行为是符合相关法律法规的，是遵循教育规律和学生成长规律的；学校多年来高考成绩辉煌，家长对学校非常认可，毕业生再求学乃至就业后，对学校教育给他们的帮助充满感激；此外，学校多年来受到政府和教育主管部门的嘉奖，同时也受到众多媒体追捧和推介，等等。这么多理由难道还不能证明这是一所“优质”的学校吗？这么一所“优质”的学校办学行为还会有什么问题吗？

质疑一方则对衡中的诸多做法提出了不同看法。一是衡中拼命向外扩招，以至于河北省（还有外省）大量学习优秀的初中生拥入衡中，让衡中不断“强大”起来，其他学校由于优秀学生流失而无法与之公平竞争。它严重干扰了招生市场的秩序，导致一些学校长期处于竞争劣势，被当地政府和家长视为“不合格学校”或“二流学校”。二是衡中实行精细化管理，把学校当作机械化工厂。这既不利于学生个性化学习，也不符合学习规律，学生完全处于被监督的、紧张的被动学习状态中。三是衡中的学生在校就是上课、做题、背诵，得不到全面、综合的发展，其教育目的单一、功利化。质疑方认为，衡中之所以出现这些问题，是因为对教育的理解出现了偏差，过于关注学生的高考成绩，而忽视了学生成长过程中的其他元素。

双方唇枪舌剑，文来字往，最后在崔永元的《东方眼》节目上对面辩论，也是各抒己见，互不相让，继而在全国范围内引发了更广泛的讨论。

这场讨论看似仅仅关乎衡中，实际上综观全国，有几个省没有自己的“衡中”？只不过学校大小不同而已。为什么会有这么多学校效仿衡中呢？究其原因，是学校的教育定位和责任意识出了问题。学校为什么喜欢成为衡中？因为成了衡中就成了名校，而校长、教师自然就成了名校长、名教师，就会受到社会追捧、政府重视、家长膜拜。反之，若没能成为当地的衡中，校长、教师就难以被社会、家长甚至学生认可，优质资源自然也就不会向他们“公平”分配。这样的教育定位不一定完全是由学校决定的，或者说，不是所有学校都具备应有的教育担当和情怀。本来学校之间的竞争应是个性化、特色化和差异化竞争，而不应是挤在一条路上的竞争，挤在一条路上的竞争势必是“头破血流”的资源竞争、“名气”竞争、各方“需求”竞争。正是因为这样的竞争，才产生了大大小小的“衡中”。

教育的价值在于给人以帮助——帮助人成长，帮助人释怀，帮助人探寻，帮助人心怀梦想，帮助人成为最好的自己。学校教育更要专业化地去实现对孩子们的帮助，可是现实中很多学校连这些都难以做到。其实，关于衡中的争论已取得了不少成果。因为争论是为了改变，而这种改变已经在悄然进行了。

首先，衡中在变。它虽然没有承认质疑方提出的“控诉”，但一切都在朝质疑方所提出的理想教育方向靠近。衡中教育目标多元化的意识正在苏醒，学校文化水平不断提升，校园活动逐渐丰富，学校管理过度而教育不足的局面正在改变。也许衡中的变化起初是由外因诱发的“被改变”，但可以确定的是它最终会产生由内思引发的“要改变”。这需要一个过程，一个全校师生达成共识的过程，一个学校管理层对自我价值、组织、评价重新认识的过程，一个需要社会认可且真正处于教育改革前列的再造过程。衡中的变，表明了教育者对时下教育的再认识，以及对教育者在教育中作用的重新定位。

其次，质疑方也在变。由原来对衡中的单纯否认向理性、现实地看待衡中转变。衡中并不是个案。对衡中的质疑，实质上是对所谓名校清醒、客观的再认识。虽然有清醒认识的人不多，认识产生的时间也不长，但这终归是件好事。李镇西老师的文章《我鄙视这样的“名校”》代表了大多数有觉悟的人的观点。“名校”不应仅仅是资源名校，更不应是没有教育底线的学校；否则，我们宁可不要这样的“名校”。

最后，我们不能用文人相轻、非此即彼的平面思维来看待教育中存在的问题。我们的教育要改，它不需要指责，而需要争论；不需要埋怨，而需要帮助；不需要道听途说的单一说教，而需要他山之石的借鉴……“中国教育的最大问题是各阶层对教育认识的不统一”，朱永新教授的话提醒我们要深化对教育的认识。争论可以继续，改变也需进行，否则，一切争论只能是争论，又有什么意思呢？

（原载 2015 年第 8 期《教师博览·原创版》，略有改动）

学习是一种生活状态

自古以来中国人就非常重视自身文化建设。圣贤孔子作为哲学与文化的先贤，对人类文明的发展做出了巨大贡献。今天，在孔子诞辰2565年之际，我们隆重举行“孔子教育思想与现代教育”论坛，让我们一起分享这一精神盛宴。下面我想借此机会与大家谈论一个话题——学习。

我越来越感觉到，不爱学习的人容易偏激，不爱学习的团队不思进取。今天我欣喜地看到了好多同志的变化。这有个先决条件——他们愿意学习了。我也看到了好多团队的变化，这是因为他们爱学习了。我也看到了一些同志变化很小，一些团队变化很小，原因是他们不爱学习。有人问我，弋阳县近年来教育发展变化最大的是什么。虽然有不少人说是中考、高考，但我认为最大的变化是教育界好多同志在思教育、说教育、做教育。我想，只有这样，弋阳的教育才有可能走向明天的辉煌。

学习是什么

学习如同吃饭、穿衣一样，是一个人的生活必需品。只有你把它当成生活的必需品，你才会去学习。平时我们参加活动是学习，课余大家在一起聊天儿是学习，我们上微信看别人是怎么做的也是学习。我在微信中请大家议议说、想、做、写的关系，就是因为目前我们有的同志对说不屑一顾。试想，如果你作为一名普通教师，对说不屑一顾，那么你如何与学生交流；如果你是一位学校中层干部或校长，对说不屑一顾，那么你如何与你的同事交流。我们是做教育的，说是我们的基础。所以，我们要善于利用一切资源，把握每一个学习机会。

学习如同出门整理衣服，做一些简单的修饰。我们为什么要穿得干净、整洁些？为什么要把家里打扫得干净些？其实，这不是简单的温饱问题，而是我们的生活“消费品”。既然它是生活“消费品”，就与生活必需品有区别，生活必需品讲究成本意识，生活“消费品”讲究收支意识。我们在外面吃饭，一盘大蒜炒肉的成本价大约 8 元，但饭店要收我们 20 元，于是我们埋怨店主心太黑了。其实，我们忽视了一个问题，这盘菜不是生活必需品，而是生活“消费品”，因为是在饭店吃的。生活“消费品”讲究的是你的收入与支出是否一致，讲究的是你的个人生活品质问题。学习有时就是“消费品”，所以不能过于讲究成本。

学习如同朋友小聚、闺蜜闲聊、散步跳舞一样，是生活的情趣。今天我们都在使用智能手机，大家坐在一起手指在不停地翻，眼睛在不停地看，这是一种生活情趣。有人说不喜欢看，那是因为你的情趣不在这里。有的人早早吃过晚饭，就到广场上去跳广场舞，这是一种生活情趣。有的人傍晚到广场上健步走，这也是一种情趣。同样，学习也是一种情趣。

为什么要学习

只有物质生活的人，只有一条生命。如果你只重视物质生活，那么你的生命就是单一而狭窄的，就只是生物体的生命，也就是通常所说的会呼吸的躯体。如果你既有物质生活又有精神生活，那么你就有两条生命。而学习是精神层面的需求。但在我们的生活中，好多同志不愿意学习，是因为他们按物质生活的要求来谈学习效果与作用，所以他们觉得学习毫无意义。学习不像我们去超市购物，有明显的实用性，学习是精神层面的需求，有时能物化，有时不能。

其实，我们现在的教育也存在这样的问题，一些家长、学生、老师把我们的教育简单地物质化了。你为什么要读书，为什么要考好大学，为什么要找好工作？因为这样可以享受好生活（物质的）。所以，我们将读书等同于物质需求。但这是错误的。读书是精神生活，而非物质生活，我们读书是要享受独立的自我。什么样的人能享受独立的自我？就是有精神生活的人。

学习是为了自己快乐生活，而不是为了活着。学习不能盲从，不能盲目听信别人。有人认为，我不读书不也活得很好吗？其实，这是两个不同层面的东西。谁也不能用肉眼看见空气中的分子和构成物质的原子，但分子和原子客观存在，不会因为我们看不见就不存在。我们既要用宏观的观点看待物体，又要用微观的观点看待物体的结构。学习是为了快乐生活而不是活着，是为了自己而非他人，它是一项自利的活动。

怎样学习

这里我想谈谈成年人应该怎样学习。

第一，随性。即依据你的兴趣，利用空隙时间来学习，也就是说，根据你的性情、兴趣来学习。如果你长期保持随性学习状态，你就养成了一种学习习惯。虽然一些人对片段式学习和碎片式学习持否定态度，对看普通书籍而不看经典著作提出质疑，但是，如果我们能长期进行片段式和碎片式阅读，我想也是能提高学习能力和学习效果的。

第二，随真。就是要真学和学真。所谓真学，是指我们要信奉，而不是一味地记。好多人阅读时以记住与否来衡量阅读效果，我认为应该以对阅读内容是否理解来确定阅读效果。好多人认为学的东西没有用，这是因为他们对学的东西不信。今天，肖校长气势磅礴地对孔子的教育思想与现代教育进行分析，我是信的；朱校长以孔子思想来谈自己学校的具体工作，谈得很细，我是信的；姚园长所讲到的困惑也正是我们每一位教育管理者要解决的问题，我是信的。所以，我有收获。真学就是要信。有人说，我看了好多书，也听了很多讲座，可就是记不下来。原因是什么？不是你的记忆力弱，更不是你的智商低，而是你不信。

学真是指学有效的东西。上次我在会上批评有的学校的微信，就是因为他们喜欢在微信平台上搞一些有噱头的东西。其实，我们不得不承认洋思中学和杜郎口中学在那样的条件和环境下能做出那样的成绩，是我们所不能为的。有一次，我和上海市静安区教育学院的张人利院长聊到这个话题时，他认为洋思中学和杜郎口中学到后面可能有些夸大其词，宣传过度，但那是媒体的炒作，由不得他们。但是，应该肯定他们的功劳。所以，学真就是学有效的东西。

第三，随缘。这是指我们学习的内容、状态和方法要根据自己的需求来定。所谓缘，是指心里的东西。我的缘与你的缘不是一个概念，你的缘与他的缘也不是一个概念。所以，随缘是指根据自己的感受把握学习内容、状态和方法。

学习，是终身必修课；学习，是人生的一部分。每个人都需要学习，让学习成为我们生活的一种状态吧！

学校因何而美

每年春节一过，各种学友聚餐、同学交流、回校寻找过去记忆的活动就一拨接一拨，老师、同学、班级、年级和学校成了高频词语。这样的聚会、交流让我想到一个教育问题，那就是什么是学校的美、学校因何而美。

学校为什么能成为大家抹不掉的记忆？是因为在学校里待的时间长，是因为学校里有诸多回首即笑、回首即泪流满面的往事，是因为师恩难忘，是因为学友情深意长，还是因为其他什么？有人说过，母校是自己可以骂、别人一骂就要与之争辩的那个地方。学校是师生一起生活与学习的场所，同时有着永远藏在师生心底的美好。

学校的美在于放而不乱。放是指营造以思维活跃、理解宽容、形式多样、自主自律的学校文化为背景的学校生活、学习氛围。乱是指追求极端个性化发展和没有约束的个体工作、生活空间。在师生关系、课堂定位、课程建设、教育活动中都可以看到学校的放与乱。师生关系是教育教学的基础，也是教育教学的开始。课堂从什么时候开始？从良好的师生关系开始。“我也想和学生搞好关系，但把握不了分寸，也很难定位。”好多老师都有这样的困难和困惑，“要么学生怕我，不愿意和我待在一起；要么学生太随便，对我没有基本的敬畏，我在他们面前没有威信。”师生关系最好在亦师亦友、亦严亦松之间。如何定位师生关系，就如何定位教与学的关系，就如何定位教育，就如何定位学校。首先，师生不是尊与卑的关系，也不是上与下的关系，而应是合作或合伙人关系。师生在共同的时间与空间里一同度过人生的某个节点，共同面对困难与收获，共同面对今天与未知的明天；师生都有成长的需要与需求，只不过他们需要与需求的内容和方向不同而已。这样的师生关系定位是放而不乱，而不是因怕乱而不放。

什么是课堂？回答了这个问题，就明确了课堂定位。只有明确了课堂定位，课堂才是真正的课堂。课堂是什么？课堂是“无知”的天堂。说它是“无知”的天堂，是因为课堂因求知而存在，因质疑而存在，因交流而存在，因体验而存在，因生长而存在。只有宽容课堂上的“无知”问题、“无知”疑问、“无知”言行，甚至错误的心态，课堂上才能真正存在求知、质疑、交流、体验和生长。时下，好多课堂是“有知”的课堂。“有知”的课堂立意于知识、技能和经验，立足于老师是教者、学生是学习者，定位于以知识与技能为主的传授，而没有考虑学习者的情感、态度和价值观，没有承认课堂是师生探究和共学互助的过程。教师除了知识、技能、信息与学生共学外，还要从教育学和心理学的角度来探究学生的学习态度、学习方式、学习动机、学习过程、学习情感与情绪，以及认知规律和能力。学生在课堂上的探究与共学互助无须细说。“有知”的课堂上师生关系就是“拥有”与“贫穷”、“给予”与“获取”的定位。这自然就导致课堂上师尊生弱的现实，形成我说你听、我讲你记、我出你做、我评你听的单一课堂形式。课堂成了老师的课堂，成了老师的讲堂，成了学生的听堂、做堂，而成不了学生的学堂。于是，学生是课堂的参加者而不是参与者，是帮忙者而不是建设者，是被动者而不是主动者，学生成了摆设，成了工具，成了容器。课堂定位决定课堂形式，更决定课堂效果，但如何定位不仅需要我们有放的勇气，更需要我们有不怕乱的智慧。

课程建设在某种意义上是教育价值的构建，是教师教育理念的搭建，是学校文化的再现，所以要考虑学科因素、学生年龄及知识背景、学校文化基因、学校和区域实际情况、民俗文化。课程建设中最为重要的是要有教师和学生，尤其是要把学生与课程成长性融为一体，让课程建设依据学生的学习能力和速度进行，而不是要求学生以学习者的身份去适应课程。学校只是提供课程方向和实施课程的基本条件，而课程建设要在实施过程中不断修改、不断探讨，师生要在探讨中成长自我、成就课程。课程建设不仅是教育理性的思考，同时也是教育实践的整理。课程建设有自上而下的理性，也有自下而上的实践，总之是动态的、成长的。课程中应该有师生，有师生参与的建设与实施。课程建设也体现了学校放和乱的文化积淀，不放则无建设和成长；乱则变建设为无目标，变探讨为无目的。

教育活动是学校教育的重要路径，学校的活动具有强烈的教育功能，不放则无活力，师生则无兴趣；放则可能导致教育没有秩序，乃至于教育功能弱化。目前，学校教育活动课程化和校本化是趋势，教育活动是学校文化和学校教育价值的具体体现，也是学校课程建设的落脚点，更是激发师生主动参与、积极思考、创造创新、交流体验的平台。学校如何遵循教师引导、学生自主、学校服务的教育活动原则，就体现为学校对放与乱的平衡。学校应做到服务在前、补位及时；教师引导着力于人，关注于事；学生自主源于目标与兴趣同行，关键在于构建、体验与践行同步。这样才能让学校教育活动做到放而不乱。

放能让学生享受学校的自由、民主、交流、探索和互助的快乐。这样的校园生活、这样的学校怎能让学生不永藏于心、永思于心？

学校的美在于“规”而不在于“统”。没有规矩不成方圆，学校教育是集体教育，需要相应的秩序与规范，教育管理是学校教育的基础性保障。但我们不能因为学校教育需要规范、秩序而采用简单的、千篇一律的大一统式规范——统一的课堂、统一的项目、统一的要求、统一的标准、统一的考核（指不是以“变化”看成绩，而是以“结果”看成绩的考核）、统一的言行等。学校管理者和老师要搞清楚，我们需要的是教育需求的管理，还是管理需要的教育。我们不难发现，学校为了“更好”地开展教育教学活动，让学生学到更多知识与技能，往往加强管理。我们应该对学校的各项管理条例（制度）进行追问，追问它们为何而定、可不可以换、可不可以不要、是否真的有效果。这样的追问能让我们清晰地了解我们的需求。管理需要的教育把路径和目标倒置了，其实，管理是服务教育的，是为了达到教育目标的路径，不应该为了管理而管理，更不能为了管理而让教育让路。教育需求的管理不仅理顺了目标与路径的逻辑关系，而且让学校回归教育的“主业轨道”，避免了以形式替代内容、以路径替代目标、以需要替代需求。

学校的“规”不是为了“统”，不是用“形”的“统”替代教育“实”的内涵，而是为教育需求提供基础性保障。只有从学校功能、教育与管理的内在逻辑、教育规律和师生教学心理及认知方式等方面去思考，才能真正理解学校“规”和“统”之间的区别，真正做到学校既有“规”，而又不机械地以“统”替代学校必需的“规”。据报道，北京曾经有一些赛车发烧友在北京的三环、四环上用私自改装的车或跑车赛车。喜爱赛车、喜爱赛车运动无可非议，但用什么赛车、在哪里赛车则是必须遵循的“规”，学校就需要这样的“规”。用正规许可的赛车、在规范的赛车场按相关规定赛车，具体穿什么牌子衣服、用什么牌子车，穿什么颜色衣服、车喷什么颜色，选谁驾驶等就无须统一了。“规”是最基本的要求，是最基本的保证，是最基本的目标。有些学校用“统”来替代“规”，如课堂要求模式化、教师教学程式化、学生坐姿笔直不动等。这样的统一不是必需的、基础的，不但不能促进学校教育积极健康开展，还会让学校教育变得呆板和程式化。这种“统”会让师生失去工作、学习的热情，会让师生被动、漠然地对待校园生活，会让师生无所适从、过于关注自己的言行，会让师生缺失从内而外的愉悦与快乐，会让师生遗忘自己、表面顺从，会让师生关注外表而忽视内涵、弃内在逻辑而重表面的合理。学校的“规”能培养谦谦君子，能孕育遵规守法的公民，能造就具有公共意识和素养的现代公民，能培养出自信、自尊、自爱、自律的合格人才。

学校的美在于变而不在于“抵”。学生在学校里是一个寻找自我的过程，在这个过程中学生不断变化，不断成长。学校最美的地方在于创造、创新，也就是求新、求变。学生爱动、爱说、爱闹、爱幻想是学校变的原因。学生求变就会带动学校的革新与创新，就会带来学校的变。什么样的人算成功者？有人认为是社会各行各业的领军人物，有人认为是生活随性、随缘之人，有人认为是健康、积极、快乐之人，而我认为是学习者。何谓学习者？即求变者、革新者。学校面对老师之变、学生之变，会遇到意想不到的挑战与风险，是顺应其变，还是避变选“抵”呢？抵制变化，是逆时代的，也是逆教育的。教育即生长，生长即改变。抵制带来的是扭曲的变，是限制的变，是人为破坏的变。学校唯有顺应教育规律，顺应孩子发展规律，顺应学校功能，才能真正让学生乐在其中、学在其园，成为学生美好的记忆。

学校的美在于学校时时、处处、事事都有人，有老师的身影，有学生的身影；学校的美在于学校里充满着活生生的人和事。

学校之美源于学习美，学校之美源于交流美，学校之美源于互助美，学校之美源于明理美，学校之美源于改变美。

有人“陪教”的教师

江西省弋阳县港口镇上坊小学是一所距县城50公里的山区村完小，学校北面靠山，南门朝向村级公路，两侧是农田。学校有小学一至五年级，共5个教学班、151名学生、9名教师。我问校长：“有几名教师是外地且住校的?”“一共有8名教师住校，其中7名是外地的。”校长回答。

2013年刚到县教体局工作不久，我到各乡镇村小点、村完小了解情况，走了几所学校，看到了各校真实的状态，有过一些想法，其中最为强烈的就是我们要为这些学校做些什么、要为这些学生做些什么、要为这些教师做些什么，我们又能做些什么。

接下去又走了不少学校，看到了更多问题，想得自然也多了。我们以帮助学校、帮助教师、帮助学生为出发点，尝试从评价、外部环境、培训、条件等方面做了一些具体的事情。针对村小点、村完小远离集镇，教师离家较远且人数不多的实际情况，我们提出了“学校建设要考虑教师生活家庭化”的观点，以教师的基本生活为出发点来化解教师生活中存在的客观困难，建设教育均衡发展所需的基础设施。这些基础设施的改善能有效地使村小点、村完小教师相对稳定、安心从教。“学校建设要考虑教师生活家庭化”充分考虑到外地住校教师生活所需的基本条件，如生活用水、用电、网络通讯、吃饭、休息、休闲等。

跟着校长来到教师的生活区域，小厨房、小寝室、小阅读室、小洗漱室一路走过，来到一扇虚掩的房门前，听到里面有小孩的声音，推门一看，一位60岁左右的老妈妈正捧着一只碗，笑容可掬地喂孩子。“这是我们宋老师的孩子。”校长介绍着，“这位是宋老师的婆婆，来帮宋老师带孩子的。”我蹲下身逗了一会儿可爱的小孩，十个月左右的小孩胖乎乎的，看到有人到来双脚拼命地蹬着，不再安分地坐在宝宝凳上，划着双手，边吃边笑。和孩子的奶奶聊了几句，知道孩子小，宋老师产假结束了，孩子爸爸在县城上班，家也安在县城，婆婆陪着儿媳妇一起带孩子，周日来，周五回。“这些年轻教师真不错，有的只有 20 岁，家在县城，来回一趟要转两次车，车的班次少，还要赶时间，挺难的，不像城里公交方便。”校长是本地人，但很理解也很心疼地向我介绍老师们的情况，“去年，学校条件差，连供电都不正常，吃饭问题都要他们自己解决。”

“可惜，没有再等一下见见宋老师。”我对同行的同事说。

“其实，像宋老师这样的老师还有不少，有些是婆婆过来，有些是妈妈过来，还有的只能在学校周边请个人照看一下。”同事告诉我。

想想“宋老师”们，我心中不免有些酸楚：是不是我矫情了？想当年我们不也是这样吗？

可是，我心里真的有股说不出来的味道：是担心？是不安？还是……

教师的生存状况和精神面貌决定着学生的成长和成人。如何解决教师生活与工作中的不便，使其安心从教，是政府和教育行政部门应认真思考的问题。

只要拿起书就是成功

我将我的阅读分为需求性阅读、需要性阅读、习惯性阅读和随意性阅读。

需求性阅读是阅读之初的动力，也可以说是无奈的应急之策。我的需求性阅读发生在20世纪90年代刚刚走上学校管理岗位的阶段。当时的阅读基本限于教育方面，且多是经验性工作介绍、工作体会、工作感受，没有太多涉及教育基本原理的著作。这个阶段的阅读没有计划，没有系统，只有拿来主义，所以很难理解阅读的真正价值与意义，也体会不到阅读带来的快乐和对成长的帮助。

需要性阅读是我阅读的第二个阶段。这个阶段的阅读有理性趋势，但仍然很功利，而且专业窄化。阅读服务于工作的意识很强，阅读深度增加了。这个阶段的阅读给我带来了专业宽度和深度的拓展，让我学会了认真思考教育。

习惯性阅读让我走进了阅读世界，也让阅读成为我生活的一部分。习惯性阅读才能真正称为学习，不仅符合学习的自愿、自主、坚持、规划、体验五要素，而且阅读面从单一的工作需要向自我成长、自我探求、兴趣爱好相结合的多元选择转变。在这一阶段，教育原理著作、教育改革者的著作、教育实践改革案例、信息科技发展带来生活与工作变化的著作是我阅读的重点。

随意性阅读应该是阅读的最高级别，好似管理中的无为而治。随意性阅读应建立在具有一定阅读量、一定阅读能力，形成了一定阅读习惯的基础上。随意性阅读更倾向于阅读者的价值观和情趣，很多时候不定阅读量，不定阅读时间、内容、目标等。随意性阅读就是一种生活态度、一种生活方式、一种价值取向。它是我阅读历程的方向和圣地。

读什么？不要随大流，而要补自己的弱项；不要贪多，而要适当；不要盲目追求“高大上”，而要面对自己；需要梯次，需要互补，需要综合；既需要大鱼大肉（经典、原著、系统性），也需要萝卜青菜（碎片式、报刊类、千字文）。阅读是健体而非治病，就像人的健康需要多种营养。

怎么读？找不到时间、没有阅读氛围、没有阅读条件……诸如此类的问题一直困扰着初始阅读者。我的经验是，从小文读起、从身边有的材料读起、从报刊读起、从感兴趣的读起，先读出状态、读出习惯、读出能力。阅读的初始者只要拿起书就是成功。

我的阅读刚刚开始，但我喜欢阅读。阅读给我带来了思考，带来了反问，带来了追问，带来了清醒与充实，同时也带来了成长与变化。

（原载 2016 年 3 月 23 日《中国教师报》，略有改动）

图书在版编目（CIP）数据

做有温度的教育 / 方华著. —北京：中国人民大学出版社，2017.6
ISBN 978－7－300－23705－3

Ⅰ.①做… Ⅱ.①方… Ⅲ.①基础教育—研究 Ⅳ.①G63

中国版本图书馆CIP数据核字（2016）第289920号

做有温度的教育
方华 著
Zuo You Wendu de Jiaoyu

出版发行	中国人民大学出版社		
社　　址	北京中关村大街31号	邮政编码	100080
电　　话	010－62511242（总编室）		010－62511770（质管部）
	010－82501766（邮购部）		010－62514148（门市部）
	010－62515195（发行公司）		010－62515275（盗版举报）
网　　址	http://www.crup.com.cn		
经　　销	新华书店		
印　　刷	北京华宇信诺印刷有限公司		
开　　本	720 mm × 1000 mm　1/16	版　　次	2017年6月第1版
印　　张	13.25　插页1	印　　次	2024年1月第15次印刷
字　　数	170 000	定　　价	39.80元